AF208630

Der Ruf zum Handeln

Von Frank Kralemann

Buchbeschreibung:

In einer Welt, die zunehmend von endlosen Möglichkeiten, Informationsüberflutung und der Lähmung durch Perfektionismus geprägt ist, gibt es eine einfache und doch tiefgründige Wahrheit: Nichts verändert sich, bis wir handeln. Willkommen zu" Der Ruf zum Handeln",einem Wegweiser, der Ihr Verständnis vom Handeln grundlegend verändern und Sie befähigen wird, ein Leben aktiver Gestaltung statt passiver Betrachtung zu führen.

In unserer modernen Gesellschaft werden wir ständig dazu ermutigt, mehr zu analysieren, zu planen und zu überdenken. Wir sammeln Informationen, wägen ab, erstellen Strategien und bleiben dennoch oft in der Untätigkeit gefangen. Dieses Buch zeigt Ihnen, warum dieser Ansatz fundamental falsch ist und wie Sie diese lähmende Denkweise überwinden können.

Über den Autor:

FranK Kralemann hat schon einige Bücher zum Thema Aufschieben, Ziele erreichen geschrieben. Mittlerweile auch Gedichtbände und Kinderbücher. Ihm macht es Spass neue Ideen oder Erkenntnisse zwischen zwei Buchdeckel zu packen. Seine Inspiration holt er sich beim Laufen und Lesen. Frank Kralemann wohnt in Ostwestfalen.

Der Ruf zum Handeln

Kleine Philosophie des Tuns

von Frank Kralemann

1. Auflage, 2024 Frank Kralemann

© 2024 Alle Rechte vorbehalten.

Verlag: BoD · Books on Demand GmbH,

In de Tarpen 42, 22848 Norderstedt

Druck: Libri Plureos GmbH,

Friedensallee 273, 22763 Hamburg

ISBN: 978-3-7693-2371-9

Inhaltsverzeichnis

Der Ruf zum Handeln

In einer Welt, die zunehmend von endlosen Möglichkeiten, Informationsüberflutung und der Lähmung durch Perfektionismus geprägt ist, gibt es eine einfache und doch tiefgründige Wahrheit: Nichts verändert sich, bis wir handeln. Willkommen zu „Der Ruf zum Handeln" – einem Wegweiser, der Ihr Verständnis vom Handeln grundlegend verändern und Sie befähigen wird, ein Leben aktiver Gestaltung statt passiver Betrachtung zu führen.

In unserer modernen Gesellschaft werden wir ständig dazu ermutigt, mehr zu analysieren, zu planen und zu überdenken. Wir sammeln Informationen, wägen ab, erstellen Strategien – und bleiben dennoch oft in der Untätigkeit gefangen. Dieses Buch zeigt Ihnen, warum dieser Ansatz fundamental falsch ist und wie Sie diese lähmende Denkweise überwinden können.

Die Zeit ist unser kostbarstes Gut, und doch verschwenden wir sie oft in endlosen Überlegungen. Jeder Tag, den wir mit Zögern verbringen, ist ein Tag, den wir nie zurückbekommen können. Wir sterben buchstäblich jeden Tag ein bisschen, und jeder Moment des Zauderns ist unwiederbringlich verloren. Diese Erkenntnis mag zunächst beunruhigend erscheinen, aber sie birgt auch eine befreiende Wahrheit: Sie gibt uns die Erlaubnis, jetzt zu handeln, unvollkommen zu sein und dabei zu lernen.

In diesem Buch werden Sie entdecken, warum die Philosophie des „Als-Ob" – so zu tun, als wären wir bereits fähig, selbstbewusst und vorbereitet – die Kluft zwischen unserem jetzigen und unserem gewünschten Zustand überbrücken kann. Sie werden verstehen, warum die meisten Entscheidungen reversibel sind und wie diese Erkenntnis Sie von der Lähmung des Perfektionismus befreien kann.

Ein zentraler Aspekt dieses Buches ist die Erkenntnis, dass Handeln immer unter Unsicherheit stattfindet. Wir können nie alle Konsequenzen unseres Handelns vorhersehen, aber wir können sicher sein, dass Nicht-Handeln seine eigenen, oft schwerwiegenderen Konsequenzen hat. Diese fundamentale Unsicherheit sollte uns jedoch nicht lähmen, sondern befreien: Sie entlastet uns von der Verantwortung, perfekte Entscheidungen treffen zu müssen.

Dieses Buch wird Ihnen zeigen, dass diejenigen, die zuerst handeln, oft Vorteile erlangen, die Nachzügler nie vollständig aufholen können. Sie werden verstehen, wie der Schwung des Handelns Möglichkeiten schafft, die durch bloßes Denken nie entstehen könnten. Sie werden lernen, wie Sie die Angst vor dem Scheitern überwinden und stattdessen jedes Ergebnis als wertvolles Feedback betrachten können.

Was dieses Buch besonders wertvoll macht, ist sein praktischer Ansatz zu philosophischen Konzepten. Während wir tiefgründige Ideen über Zeit, Existenz und Zweck erkunden, kehren wir immer wieder zu der zentralen Frage zurück: Wie können Sie diese Erkenntnisse in bedeutungsvolles Handeln in Ihrem Leben umsetzen?

Sie werden praktische Strategien kennenlernen, wie Sie:
- Die Lähmung durch Überanalyse überwinden
- Entscheidungen unter Unsicherheit treffen

- Mit der Angst vor dem Scheitern umgehen
- Momentum in Ihrem Leben aufbauen
- Ihre Zeit als kostbarste Ressource nutzen
- Risiken richtig einschätzen und eingehen
- Die Kraft des „Als-Ob" für sich nutzen

Dieses Buch ist für Sie, wenn Sie:
- Sich oft in endlosen Überlegungen verlieren
- Wichtige Entscheidungen aufschieben
- Das Gefühl haben, dass das Leben an Ihnen vorbeizieht
- Mehr aus Ihrem Potenzial machen möchten
- Bereit sind, über das Denken hinauszugehen und ins Handeln zu kommen

Die Philosophie des Tuns ist keine abstrakte Theorie, sondern eine praktische Lebensweise. Sie basiert auf der Erkenntnis, dass wahres Verständnis erst durch Handeln entsteht, dass Klarheit der Tat folgt und nicht umgekehrt, und dass die einzige wirkliche Sicherheit in unserer Fähigkeit liegt, uns anzupassen und aus unseren Erfahrungen zu lernen.

In den folgenden Kapiteln werden wir tief in diese Themen eintauchen. Wir werden untersuchen, warum Handeln oft schwer fällt und wie wir diese Widerstände überwinden können. Wir werden die psychologischen, philosophischen und praktischen Aspekte des Handelns erkunden und konkrete Strategien entwickeln, wie Sie vom Denken ins Tun kommen können.

Dieses Buch ist keine theoretische Abhandlung, die Sie nach der Lektüre beiseitelegen können. Es ist eine Einladung zur Veränderung, ein Aufruf zum Handeln. Jedes Kapitel enthält nicht nur Erkenntnisse, sondern auch konkrete Übungen und Aufforderungen zum Handeln. Denn nur durch die praktische Anwendung können diese Ideen ihr transformatives Potenzial entfalten.

Lassen Sie uns gemeinsam diese Reise beginnen – eine Reise von der Kontemplation zur Aktion, vom Zögern zum Handeln, von der Angst zur Courage. Die Zeit vergeht unaufhaltsam, aber wie wir sie nutzen, liegt in unserer Hand. Sind Sie bereit zu handeln?

Das Wesen des Handelns

Es gibt einen fundamentalen Unterschied zwischen Denken und Handeln, der unser gesamtes Leben prägt. Während das Denken in unbegrenzten Möglichkeiten schwelgen kann, bedeutet Handeln immer eine Entscheidung - eine Festlegung auf einen bestimmten Weg unter Ausschluss aller anderen Optionen. Diese Tatsache macht das Handeln oft schwierig und manchmal sogar beängstigend.

Der Unterschied zwischen Denken und Handeln

Im Reich des Denkens sind wir frei von den Beschränkungen der physischen Welt. Wir können endlos Szenarien durchspielen, Möglichkeiten abwägen und Strategien entwickeln. Diese scheinbare Freiheit hat jedoch einen hohen Preis: Sie kann uns in einem Zustand permanenter Unentschlossenheit gefangen halten. Im Denken gibt es keine Konsequenzen, keine Reibung mit der Realität und damit auch keine echte Entwicklung.

Handeln hingegen bedeutet, sich der Realität zu stellen. Es bedeutet, die komfortable Position des neutralen Beobachters zu verlassen und selbst Teil des Geschehens zu werden. Wenn wir handeln, setzen wir uns der Möglichkeit des Scheiterns aus, aber nur so können wir auch echte Erfolge erzielen. Nur durch Handeln können wir die Welt und uns selbst verändern.

Die Lähmung durch Überdenken

Eine der größten Fallen auf dem Weg zum Handeln ist das Überdenken. Es beginnt oft harmlos: Wir wollen eine fundierte Entscheidung treffen und sammeln daher Informationen. Wir analysieren die Situation aus verschiedenen Blickwinkeln und wägen Vor- und Nachteile ab. Doch irgendwann kippt dieser sinnvolle Prozess in eine endlose Schleife des Grübelns.

Das Überdenken manifestiert sich in verschiedenen Formen:

- Endloses Recherchieren nach der „perfekten" Lösung

- Ständiges Hinterfragen der eigenen Motive und Fähigkeiten

- Sich in hypothetischen „Was-wäre-wenn"-Szenarien verlieren

- Übertriebenes Abwägen aller möglichen Konsequenzen

Das Problem dabei ist: Je mehr wir eine Situation analysieren, desto komplexer erscheint sie uns. Wir sehen immer mehr potenzielle Hindernisse und Schwierigkeiten. Statt Klarheit zu gewinnen, verlieren wir uns in einem Labyrinth von Gedanken und Zweifeln.

Warum Handeln der Klarheit vorausgeht

Eine zentrale Erkenntnis dieses Buches lautet: Klarheit entsteht durch Handeln, nicht durch Denken. Diese Aussage mag zunächst kontraintuitiv erscheinen. Sollten wir nicht erst klar sehen, bevor wir handeln? Die Erfahrung zeigt jedoch: Echte Klarheit können wir nur durch die Auseinandersetzung mit der Realität gewinnen.

Wenn wir handeln:
- Erhalten wir konkretes Feedback statt hypothetischer Überlegungen
- Entwickeln wir ein Gefühl für die tatsächlichen Herausforderungen

- Entdecken wir Ressourcen und Möglichkeiten, die wir vorher nicht sahen

- Gewinnen wir Selbstvertrauen durch praktische Erfahrung

Der Mythos der perfekten Vorbereitung

Viele Menschen glauben, sie müssten erst perfekt vorbereitet sein, bevor sie handeln können. Sie warten auf den „richtigen" Moment, die „perfekte" Gelegenheit oder das Gefühl, „wirklich bereit" zu sein. Doch dieser Moment kommt nie. Die perfekte Vorbereitung ist ein Mythos, der uns vom Handeln abhält.

Die Wahrheit ist: Wir lernen das Schwimmen im Wasser, nicht am Beckenrand. Natürlich ist eine gewisse Vorbereitung sinnvoll und notwendig. Aber der Punkt, an dem weitere Vorbereitung mehr schadet als nutzt, kommt früher als wir denken. Ab diesem Punkt wird Vorbereitung zur

Prokrastination - zum Aufschub des eigentlichen Handelns.

Die Kraft des unvollkommenen Handelns

Statt nach Perfektion zu streben, sollten wir die Kraft des unvollkommenen Handelns erkennen. Wenn wir akzeptieren, dass unsere ersten Versuche wahrscheinlich nicht perfekt sein werden, befreien wir uns von einer enormen Last. Wir können anfangen, experimentieren, lernen und uns verbessern.

Unvollkommenes Handeln hat viele Vorteile:
- Wir gewinnen schneller praktische Erfahrung
- Wir erhalten früher Feedback
- Wir können unseren Ansatz basierend auf realen Ergebnissen anpassen
- Wir entwickeln Momentum und Selbstvertrauen

Die Balance zwischen Denken und Handeln

Es geht nicht darum, das Denken vollständig zugunsten des Handelns aufzugeben. Beide haben ihren Platz und ihre Funktion. Die Kunst besteht darin, eine produktive Balance zu finden. Denken sollte dem Handeln dienen, nicht es ersetzen.

Eine hilfreiche Faustregel ist die 70/30-Regel: Wenn wir etwa 70% der notwendigen Informationen haben und uns zu 70% sicher fühlen, ist es Zeit zu handeln. Die restlichen 30% können wir nur durch praktische Erfahrung gewinnen.

Der Weg zur Handlungsorientierung

Die Entwicklung einer handlungsorientierten Haltung ist ein Prozess. Es geht darum, alte Denkmuster zu erkennen und schrittweise neue, produktivere Gewohnheiten zu entwickeln. Hier einige praktische Ansätze:

1. Setzen Sie sich Zeitlimits für Analyse und Planung

2. Beginnen Sie mit kleinen, überschaubaren Schritten

3. Fokussieren Sie sich auf den nächsten konkreten Schritt statt auf das gesamte Projekt

4. Schaffen Sie sich Strukturen, die Handeln fördern

5. Umgeben Sie sich mit handlungsorientierten Menschen

Die Überwindung der Handlungsblockaden

Oft sind es nicht rationale Überlegungen, sondern emotionale Blockaden, die uns vom Handeln abhalten. Angst vor Versagen, Perfektionismus oder die Sorge vor negativer Bewertung können lähmend wirken. Diese Blockaden anzuerkennen ist der erste Schritt zu ihrer Überwindung.

Dabei hilft es zu verstehen: Die Angst vor dem Handeln ist oft größer als die tatsächlichen

Konsequenzen des Handelns. Wenn wir anfangen zu handeln, stellen wir meist fest, dass viele unserer Befürchtungen unbegründet waren.

Der Lohn des Handelns

Menschen, die den Schritt vom Denken zum Handeln wagen, werden reich belohnt. Sie entwickeln nicht nur praktische Fähigkeiten und Erfahrungen, sondern auch innere Stärke und Selbstvertrauen. Sie lernen, dass sie Herausforderungen meistern können, auch wenn der Weg nicht perfekt ist.

Das Handeln selbst wird zur Quelle von Energie und Motivation. Jeder noch so kleine Erfolg bestärkt uns darin, weitere Schritte zu wagen. So entsteht eine positive Spirale von Handeln, Lernen und Wachsen.

Fazit des ersten Kapitels

Das Wesen des Handelns zu verstehen bedeutet, eine fundamentale Wahrheit zu akzeptieren: Nur durch aktives Engagement mit der Realität können wir wachsen und uns entwickeln. Denken ist wichtig, aber es darf nicht zum Ersatz für Handeln werden. Die Kunst besteht darin, den Mut zu finden, auch unter Unsicherheit zu handeln und die daraus gewonnenen Erfahrungen für unsere weitere Entwicklung zu nutzen.

Im nächsten Kapitel werden wir uns damit beschäftigen, warum Zeit unsere wertvollste Ressource ist und wie das Bewusstsein unserer Endlichkeit uns zu entschlossenerem Handeln motivieren kann.

Zeit - Unsere wertvollste Ressource

Die Zeit ist die einzige Ressource, die wir nicht vermehren oder zurückgewinnen können. Jeder Tag, der vergeht, ist unwiderruflich verloren. Diese fundamentale Wahrheit unserer Existenz wird oft verdrängt, bildet aber den Kern jeder ernsthaften Philosophie des Tuns.

Die Unumkehrbarkeit der Zeit

Die Zeit vergeht nicht nur, sie vergeht unwiderruflich. Anders als bei materiellen Ressourcen gibt es bei der Zeit keine Möglichkeit der Vermehrung oder des Ersatzes. Was vergangen ist, ist für immer verloren. Diese scheinbar simple Erkenntnis hat tiefgreifende Implikationen für unser Leben und Handeln.

Jede Minute, die wir mit Zögern und Aufschieben verbringen, ist eine Minute, die wir nie zurückbekommen werden. Während wir bei Geld, materiellen Gütern oder sogar Beziehungen oft die Möglichkeit haben, Verlorenes wiederzugewinnen oder zu ersetzen, ist dies bei der Zeit unmöglich. Sie fließt konstant und unaufhaltsam, unabhängig davon, ob wir sie sinnvoll nutzen oder vergeuden.

Diese Unumkehrbarkeit der Zeit sollte uns nicht lähmen, sondern im Gegenteil zu bewusstem Handeln motivieren. Das Wissen um die Endlichkeit unserer Zeit kann eine kraftvolle Quelle der Motivation sein, wenn wir es richtig verstehen und nutzen.

Leben im Bewusstsein der Sterblichkeit

Unsere Sterblichkeit ist keine angenehme Wahrheit, aber sie ist eine Wahrheit, die uns zu einem bewussteren und aktiveren Leben führen kann. Jeden Tag sterben wir ein bisschen - diese Erkenntnis mag erschreckend klingen, aber sie birgt auch eine befreiende Kraft.

Das Bewusstsein unserer Endlichkeit kann uns helfen:

- Prioritäten klarer zu erkennen

- Entscheidungen schneller zu treffen

- Mut zu finden für wichtige Veränderungen

- Das Wesentliche vom Unwesentlichen zu unterscheiden

Der römische Philosoph Seneca schrieb: „Es ist nicht wenig Zeit, die wir haben, sondern es ist viel Zeit, die wir nicht nutzen." Diese Erkenntnis gewinnt besondere Bedeutung im Kontext unserer Sterblichkeit. Wir haben nicht unendlich Zeit zur Verfügung, um unsere Träume zu verwirklichen und unsere Ziele zu erreichen.

Die Kosten des Nicht-Handelns

Wenn wir über die Kosten einer Entscheidung nachdenken, fokussieren wir uns meist auf die möglichen negativen Folgen des Handelns. Dabei übersehen wir oft die viel größeren Kosten des

Nicht-Handelns. Diese Kosten sind weniger offensichtlich, aber oft weitaus schwerwiegender.

Die Kosten des Nicht-Handelns manifestieren sich in verschiedenen Formen:

- Verpasste Gelegenheiten, die nie wiederkehren
  - Ungenutzte Potenziale, die verkümmern
  - Beziehungen, die nie entstehen
  - Erfahrungen, die nie gemacht werden
  - Fähigkeiten, die nie entwickelt werden

Diese „unsichtbaren" Kosten summieren sich im Laufe der Zeit und können zu tiefem Bedauern führen. Studien über die häufigsten Bereiche von Lebensende-Bedauern zeigen: Menschen bereuen viel häufiger die Dinge, die sie nicht getan haben, als die Dinge, die sie getan haben.

Warum Aufschub Selbsttäuschung ist

Das Aufschieben wichtiger Handlungen und Entscheidungen ist eine Form der Selbsttäuschung. Wir erzählen uns, dass wir „später" mehr Zeit, mehr Energie oder bessere Bedingungen haben werden. Doch diese Vorstellung ist meist eine Illusion.

Die Realität zeigt:

- Die Zeit wird nicht „mehr", sondern weniger
- Mit zunehmendem Alter nehmen oft auch die Verpflichtungen zu
- Äußere Umstände werden selten „perfekt"
- Energie und Motivation nehmen durch Aufschub ab, nicht zu

Das „Später" ist ein gefährlicher Mythos, der uns daran hindert, jetzt zu handeln. Jeder Aufschub ist in Wirklichkeit eine Entscheidung - die Entscheidung, kostbare und unwiederbringliche Zeit verstreichen zu lassen.

Die Illusion der „richtigen Zeit"

Viele Menschen warten auf den „richtigen Zeitpunkt" für wichtige Veränderungen oder Entscheidungen. Doch dieser perfekte Moment existiert meist nur in unserer Vorstellung. Die „richtige Zeit" ist fast immer jetzt - nicht weil die Bedingungen perfekt sind, sondern weil die Zeit vergeht.

Die Vorstellung vom „richtigen Zeitpunkt" ist oft eine Rationalisierung unserer Ängste und Unsicherheiten. Wir verwechseln dabei „der richtige Zeitpunkt" mit „der angstfreie Zeitpunkt". Doch dieser kommt nie, denn bedeutsames Handeln bringt immer ein gewisses Maß an Unsicherheit mit sich.

Zeit als Gestaltungsraum

Statt Zeit als etwas zu sehen, das uns davonläuft, können wir sie als Gestaltungsraum begreifen. Jeder Tag, jede Stunde bietet die Möglichkeit, aktiv zu werden und unser Leben zu gestalten. Diese Perspektive verwandelt Zeit von einem bedrohlichen Faktor in eine Ressource der Möglichkeiten.

Dabei ist es wichtig zu verstehen:

- Jeder Moment bietet Gestaltungsmöglichkeiten
- Kleine Handlungen summieren sich über die Zeit
- Kontinuierliches Handeln schafft Momentum
- Zeit wird wertvoll durch die Art, wie wir sie nutzen

Der Umgang mit Zeitdruck

Zeitdruck wird oft als Stressfaktor wahrgenommen, kann aber auch eine produktive Kraft sein. Er kann uns helfen:

- Entscheidungen zu beschleunigen
- Uns auf das Wesentliche zu konzentrieren
- Perfektionismus zu überwinden

- Ins Handeln zu kommen

Die Kunst besteht darin, einen gesunden Zeitdruck zu kultivieren, ohne uns von ihm lähmen
zu lassen. Das Bewusstsein der begrenzten Zeit
kann uns motivieren, ohne uns zu überfordern.

Zeit als Investition

Jede Stunde unseres Lebens ist eine Investition -
die Frage ist nur, worin wir investieren. Ob wir
die Zeit mit bedeutungsvollen Aktivitäten füllen
oder sie ungenutzt verstreichen lassen, liegt in
unserer Hand. Diese Perspektive macht uns zu
aktiven Gestaltern unserer Zeit statt zu passiven
Konsumenten.

Dabei gilt es zu beachten:

- Zeit ist nicht vermehrbar, aber unterschiedlich
wertvoll nutzbar
- Investierte Zeit kann Mehrwert für die
Zukunft schaffen

- Frühe Zeitinvestitionen zahlen sich oft mehrfach aus

- Die Qualität der Zeitnutzung ist wichtiger als die Quantität

Praktische Strategien für bewusste Zeitnutzung

Um unsere Zeit bewusster und aktiver zu nutzen, können wir verschiedene Strategien entwickeln:

1. Regelmäßige Zeitinventuren durchführen
2. Klare Prioritäten setzen und danach handeln
3. Zeitfresser identifizieren und eliminieren
4. Wichtige Aktivitäten priorisieren
5. Bewusste Entscheidungen über Zeitinvestitionen treffen

Fazit des zweiten Kapitels

Das Bewusstsein für die Kostbarkeit und Unumkehrbarkeit der Zeit ist fundamental für ein aktives und selbstbestimmtes Leben. Wenn wir verstehen, dass jeder Moment eine unwiederbringliche Gelegenheit zum Handeln ist, verändert sich unsere Perspektive grundlegend. Statt Zeit als etwas zu sehen, das uns widerfährt, können wir sie als Gestaltungsraum begreifen, den wir aktiv nutzen können und sollten.

Im nächsten Kapitel werden wir uns mit der Psychologie des Anfangens beschäftigen - damit, wie wir den oft schwierigen ersten Schritt vom Denken zum Handeln vollziehen können.

Die Psychologie des Anfangens

Der erste Schritt ist oft der schwerste - diese alte Weisheit gilt besonders für bedeutsame Veränderungen und Projekte in unserem Leben. Das Anfangen stellt eine besondere psychologische Herausforderung dar, birgt aber auch besondere

Chancen. Ein tieferes Verständnis der Psychologie des Anfangens kann uns helfen, diese wichtige Hürde zu überwinden.

Der Vorteil des Ersthandelnden

In der Wirtschaft spricht man vom „First-Mover-Advantage" - dem Vorteil des Ersthandelnden. Dieses Prinzip lässt sich auf viele Lebensbereiche übertragen. Wer als Erster handelt, verschafft sich oft entscheidende Vorteile. Der Ersthandelnde setzt Standards, gewinnt wertvolle Erfahrungen und etabliert sich in einer Position der Stärke.

Die Vorteile des frühen Handelns manifestieren sich auf verschiedenen Ebenen. Zum einen gewinnen wir einen Erfahrungsvorsprung, der sich nur schwer aufholen lässt. Zum anderen schaffen wir Fakten und Realitäten, die unsere Position stärken. Nicht zuletzt entwickeln wir durch frühes Handeln eine psychologische Dynamik, die uns weiteren Fortschritt erleichtert.

Ersthandelnde profitieren von der Möglichkeit, Ressourcen und Gelegenheiten als Erste zu nutzen. Sie können Beziehungen aufbauen, wenn der „Markt" noch nicht überfüllt ist. Sie haben die Chance, aus frühen Fehlern zu lernen, während die Kosten solcher Fehler noch relativ gering sind.

Überwindung des inneren Widerstands

Der innere Widerstand gegen das Anfangen ist ein natürliches Phänomen. Unser Gehirn ist darauf programmiert, Energie zu sparen und bekannte Muster beizubehalten. Veränderung bedeutet Unsicherheit, und Unsicherheit wird vom Gehirn als potenzielles Risiko wahrgenommen.

Diese biologische Programmierung war in der Evolutionsgeschichte sinnvoll, kann uns heute aber im Weg stehen. Der innere Widerstand manifestiert sich in verschiedenen Formen: als Prokrastination, als Zweifel, als scheinbar rationale Gründe für Aufschub. Um ihn zu überwinden, müssen wir ihn zunächst als das erkennen, was er ist: ein natürlicher, aber überwindbarer Mechanismus.

Eine effektive Strategie zur Überwindung des inneren Widerstands ist die Minimierung der wahrgenommenen Hürde. Statt uns auf das gesamte Projekt zu fokussieren, konzentrieren wir uns auf den kleinstmöglichen ersten Schritt. Diese „Mini-Gewohnheiten" umgehen den Widerstand, indem sie so klein sind, dass unser Gehirn sie nicht als bedrohlich wahrnimmt.

Das Prinzip der Eigendynamik

Eines der wichtigsten psychologischen Prinzipien beim Anfangen ist die Eigendynamik oder das Momentum. Sobald wir die erste Hürde überwunden haben, wird es leichter weiterzumachen.

Dies liegt an verschiedenen psychologischen Mechanismen.

Zum einen aktiviert Handeln unser Belohnungssystem. Jeder noch so kleine Erfolg setzt Dopamin frei, das uns motiviert weiterzumachen. Zum anderen entwickeln wir durch Handeln ein Selbstbild als „handelnde Person". Dieses Selbstbild wird zu einer sich selbst erfüllenden Prophezeiung.

Die Eigendynamik des Handelns zeigt sich auch in der Überwindung von Trägheit. Physikalisch braucht es die meiste Energie, um einen ruhenden Körper in Bewegung zu setzen. Ähnlich verhält es sich mit unseren Projekten und Zielen. Der schwierigste Teil ist oft der Anfang. Sobald wir in Bewegung sind, wird es leichter, in Bewegung zu bleiben.

Durchbrechen der Angstbarrieren

Angst ist eines der größten Hindernisse beim Anfangen. Dabei geht es oft weniger um konkrete Gefahren als um diffuse Befürchtungen: Angst vor Versagen, vor Bewertung, vor Veränderung. Diese Ängste sind normal und menschlich, dürfen uns aber nicht davon abhalten zu handeln.

Ein wichtiger Schritt ist die Entmystifizierung unserer Ängste. Wenn wir sie genauer untersuchen, stellen wir oft fest, dass sie auf unrealistischen Annahmen basieren. Die meisten Szenarien, die wir fürchten, sind entweder unwahrscheinlich oder weniger schlimm als gedacht.

Hilfreich ist auch die Perspektive, dass Angst und Aufregung physiologisch sehr ähnlich sind. Der Unterschied liegt hauptsächlich in unserer Interpretation der körperlichen Symptome. Wenn wir die Aufregung vor dem Anfangen als positives Zeichen von Engagement und Bedeutsamkeit umdeuten, verliert sie ihren lähmenden Charakter.

Die Rolle von Routinen und Ritualen

Routinen und Rituale können beim Anfangen eine wichtige unterstützende Rolle spielen. Sie reduzieren die kognitive Last der Entscheidungsfindung und schaffen einen verlässlichen Rahmen für das Handeln. Ein morgendliches Ritual beispielsweise kann uns helfen, automatisch in einen Zustand der Handlungsbereitschaft zu kommen.

Erfolgreiche Routinen haben mehrere Komponenten: einen klaren Auslöser, eine definierte Handlungssequenz und eine Form der Belohnung. Je mehr wir diese Routinen praktizieren, desto automatischer werden sie. Mit der Zeit wird das Anfangen von einem bewussten Kampf zu einer natürlichen Gewohnheit.

Die Bedeutung der ersten Erfolge

Frühe Erfolge sind entscheidend für die Aufrechterhaltung der Motivation. Deshalb ist es wichtig, die ersten Schritte so zu gestalten, dass Erfolge wahrscheinlich sind. Dies bedeutet nicht, dass wir uns zu niedrige Ziele setzen sollten. Vielmehr geht es darum, den Weg zu größeren Zielen in erreichbare Teilziele zu untergliedern.

Diese frühen Erfolge haben mehrere positive Effekte. Sie stärken unser Selbstvertrauen, liefern konkretes Feedback und motivieren uns weiterzumachen. Außerdem schaffen sie eine positive Erwartungshaltung für zukünftige Herausforderungen.

Die soziale Dimension des Anfangens

Das Anfangen hat auch eine wichtige soziale Dimension. Wenn wir unsere Absichten anderen mitteilen, schaffen wir eine Form der sozialen Verpflichtung. Dies kann sowohl motivierend als auch unterstützend wirken. Gleichzeitig sollten wir vorsichtig sein, nicht zu früh zu viel über unsere Pläne zu sprechen, da dies manchmal zu einer vorzeitigen Befriedigung führen kann.

Eine weitere soziale Komponente ist die Unterstützung durch Gleichgesinnte. Menschen, die ähnliche Ziele verfolgen oder bereits ähnliche Wege gegangen sind, können wertvolle Perspektiven und praktische Unterstützung bieten.

Der Umgang mit Rückschlägen beim Anfangen

Rückschläge und Schwierigkeiten sind beim Anfangen normal und zu erwarten. Der entscheidende Faktor ist nicht das Auftreten von Hindernissen, sondern unser Umgang damit. Eine resiliente Haltung bedeutet, Rückschläge als normale Teil des Prozesses zu akzeptieren und aus ihnen zu lernen.

Dabei hilft es, zwischen dem Ereignis und unserer Interpretation zu unterscheiden. Ein schwieriger Start bedeutet nicht, dass das gesamte Projekt zum Scheitern verurteilt ist. Oft sind frühe Schwierigkeiten sogar wertvoll, weil sie uns wichtige Lektionen lehren.

Fazit des dritten Kapitels

Die Psychologie des Anfangens zu verstehen ist ein wichtiger Schritt zur Überwindung von Handlungsblockaden. Wenn wir die natürlichen Widerstände kennen und wissen, wie wir sie überwinden können, wird der erste Schritt leichter. Das Bewusstsein für die Vorteile des frühen Handelns und die Mechanismen der Eigendynamik kann uns zusätzlich motivieren, den oft schwierigen Anfang zu wagen.

Im nächsten Kapitel werden wir uns mit der Entscheidungsfindung unter Unsicherheit beschäftigen - einem zentralen Aspekt jedes bedeutsamen Handelns.

Entscheidungsfindung unter Unsicherheit

Die Fähigkeit, auch unter Unsicherheit Entscheidungen zu treffen und zu handeln, ist eine Schlüsselkompetenz für ein erfolgreiches und erfülltes Leben. In einer zunehmend komplexen Welt müssen wir lernen, mit unvollständigen Informationen und ungewissen Ausgängen umzugehen.

Die Unmöglichkeit perfekter Information

Eine fundamentale Erkenntnis für effektives Handeln ist die Akzeptanz der Tatsache, dass wir nie alle relevanten Informationen haben werden. Die Komplexität der Welt, die Dynamik von Veränderungen und die Begrenztheit unserer Wahrnehmung machen vollständiges Wissen unmöglich.

Diese Erkenntnis sollte uns jedoch nicht lähmen, sondern befreien.

Die Suche nach vollständiger Information ist nicht nur unmöglich, sondern oft auch kontraproduktiv. Je mehr Informationen wir sammeln, desto komplexer erscheint uns die Situation oft. Zudem veralten Informationen in einer sich schnell wandelnden Welt rasch. Während wir noch analysieren und recherchieren, verändern sich bereits die Grundlagen unserer Entscheidung.

Stattdessen sollten wir uns auf die wesentlichen Informationen konzentrieren, die wir für eine fundierte Entscheidung benötigen. Dies erfordert die Fähigkeit zur Unterscheidung zwischen notwendigen und nice-to-have Informationen. Eine bewährte Strategie ist die 80/20-Regel: Oft liefern 20% der verfügbaren Informationen 80% der entscheidungsrelevanten Erkenntnisse.

Embracing kalkulierte Risiken

Das Eingehen kalkulierter Risiken ist ein wesentlicher Bestandteil erfolgreichen Handelns. Dabei geht es nicht um blindes Risiko, sondern um ein bewusstes Abwägen von Chancen und Gefahren. Ein kalkuliertes Risiko zeichnet sich dadurch aus, dass wir die möglichen Konsequenzen unseres Handelns abschätzen und bewusst akzeptieren.

Wichtig ist dabei die Unterscheidung zwischen reversiblen und irreversiblen Entscheidungen. Bei reversiblen Entscheidungen können wir mutiger sein, da die Konsequenzen eines Fehlschlags begrenzt und korrigierbar sind. Bei irreversiblen Entscheidungen ist größere Vorsicht geboten, wobei auch hier gilt: Nicht-Handeln hat oft größere Risiken als überlegtes Handeln.

Eine effektive Strategie im Umgang mit Risiken ist die Diversifikation. Statt alles auf eine Karte zu setzen, können wir mehrere kleinere Experimente wagen. Dies ermöglicht es uns, aus Erfahrungen zu lernen, ohne existenzielle Risiken einzugehen.

Die Reversibilität der meisten Entscheidungen

Eine befreiende Erkenntnis ist die Tatsache, dass die meisten Entscheidungen reversibel sind. Wir tendieren dazu, die Endgültigkeit unserer Entscheidungen zu überschätzen. In Wirklichkeit können wir die meisten Entscheidungen korrigieren oder anpassen, wenn sie sich als suboptimal erweisen.

Diese Erkenntnis sollte uns ermutigen, mehr Entscheidungen zu treffen und mutiger zu handeln. Selbst wenn eine Entscheidung sich als nicht ideal herausstellt, haben wir meist die Möglichkeit zur Kurskorrektur. Diese Flexibilität ist ein wichtiger Aspekt erfolgreichen Handelns in einer dynamischen Welt.

Die wenigen wirklich irreversiblen Entscheidungen erkennen wir meist intuitiv. Hier ist es angebracht, mehr Zeit und Sorgfalt in die Entscheidungsfindung zu investieren. Aber auch bei diesen Entscheidungen gilt: Ewiges Zögern ist keine Lösung.

Lernen durch Handeln

Eine zentrale Erkenntnis der Handlungsphilosophie ist die Tatsache, dass wir am meisten durch aktives Handeln lernen. Theoretische Überlegungen und Analysen haben ihren Wert, aber das tiefste und nachhaltigste Lernen geschieht durch praktische Erfahrung.

Handeln ermöglicht uns:
- Direktes Feedback aus der Realität zu erhalten
- Unsere Annahmen zu testen
- Unerwartete Möglichkeiten zu entdecken
- Praktische Erfahrung zu sammeln

- Unsere Fähigkeiten zu entwickeln

Das Feedback, das wir durch Handeln erhalten, ist oft weitaus wertvoller als theoretische Überlegungen. Es zeigt uns nicht nur, was funktioniert und was nicht, sondern auch warum bestimmte Dinge funktionieren oder scheitern.

Die Entwicklung von Entscheidungskompetenz

Entscheidungskompetenz ist keine angeborene Fähigkeit, sondern eine Fertigkeit, die wir entwickeln können. Je mehr Entscheidungen wir treffen, desto besser werden wir darin. Dabei entwickeln wir sowohl unsere analytischen Fähigkeiten als auch unsere Intuition.

Wichtige Aspekte der Entscheidungskompetenz sind:

- Die Fähigkeit zur schnellen Erfassung wesentlicher Faktoren

- Das Verständnis für Wahrscheinlichkeiten und Risiken
- Die Balance zwischen Analyse und Intuition
- Die emotionale Stabilität in Unsicherheits-situationen

Mit zunehmender Erfahrung entwickeln wir ein Gespür dafür, welche Entscheidungen schnell getroffen werden können und wo tiefere Analyse notwendig ist.

Der Umgang mit Unsicherheit

Unsicherheit ist ein unvermeidbarer Bestandteil jedes bedeutsamen Handelns. Die Kunst besteht nicht darin, Unsicherheit zu eliminieren, sondern produktiv mit ihr umzugehen. Dies bedeutet, Unsicherheit als normalen Teil des Lebens zu akzeptieren und trotzdem handlungsfähig zu bleiben.

Hilfreiche Strategien im Umgang mit Unsicherheit sind:

- Die Fokussierung auf das Kontrollierbare
- Die Entwicklung von Alternativplänen
- Die regelmäßige Überprüfung und Anpassung unserer Strategien
- Die Pflege einer flexiblen und adaptiven Haltung

Die Rolle von Heuristiken

Heuristiken - vereinfachte Entscheidungsregeln - können uns helfen, auch in komplexen Situationen handlungsfähig zu bleiben. Während sie nicht immer zur optimalen Lösung führen, ermöglichen sie uns schnelles und effektives Handeln.

Bewährte Heuristiken sind:

- Die bereits erwähnte 80/20-Regel
- Die „Zwei-Minuten-Regel" für kleine Entscheidungen

- Die „Wenn-Dann-Planung" für vorhersehbare Situationen

- Die „Schnell-Langsam-Unterscheidung" bei Entscheidungen

Fazit des vierten Kapitels

Die Fähigkeit, unter Unsicherheit zu entscheiden und zu handeln, ist eine Kernkompetenz erfolgreichen Handelns. Durch das Verständnis der Unmöglichkeit perfekter Information, die Akzeptanz kalkulierter Risiken und die Erkenntnis der Reversibilität der meisten Entscheidungen können wir unsere Handlungsfähigkeit deutlich steigern.

Im nächsten Kapitel werden wir uns mit der Philosophie des Als-Ob beschäftigen - einer kraftvollen Strategie, um trotz innerer Zweifel ins Handeln zu kommen.

Die Philosophie des Als-Ob

Die Philosophie des Als-Ob ist ein mächtiges Werkzeug zur Überwindung von Handlungsblockaden und zur persönlichen Entwicklung. Diese von Hans Vaihinger entwickelte Denkweise ermöglicht es uns, auch in Situationen zu handeln, in denen wir uns noch nicht vollständig kompetent oder sicher fühlen.

Handeln trotz Zweifel

Der Kerngedanke der Als-Ob-Philosophie besteht darin, so zu handeln, als ob wir bereits die Person wären, die wir werden möchten. Dies bedeutet nicht, uns selbst zu täuschen, sondern vielmehr eine Brücke zu bauen zwischen unserem jetzigen und unserem angestrebten Zustand.

Oft warten wir darauf, uns bereit oder kompetent genug zu fühlen, bevor wir handeln. Die Als-Ob-Philosophie kehrt diese Reihenfolge um: Wir handeln zuerst, als ob wir bereits über die nötigen

Fähigkeiten und das nötige Selbstvertrauen verfügten. Durch dieses Handeln entwickeln wir
dann tatsächlich die entsprechenden Qualitäten.

Diese Herangehensweise basiert auf der neuro-
psychologischen Erkenntnis, dass unser Gehirn
nicht grundsätzlich zwischen realer und imagi-
nierter Erfahrung unterscheidet. Wenn wir konse-
quent so handeln, als ob wir bereits über
bestimmte Fähigkeiten verfügten, beginnt unser
Gehirn, entsprechende neuronale Strukturen auf-
zubauen.

Die Kraft der produktiven Vorstellung

Produktive Vorstellung unterscheidet sich von
bloßer Fantasie dadurch, dass sie direkt mit
Handlung verknüpft ist. Wenn wir uns vorstellen,
wie eine kompetente Version unserer selbst in
einer bestimmten Situation handeln würde, schaffen wir einen Handlungsrahmen, der uns konkrete
Orientierung gibt.

Diese Form der Vorstellung wirkt auf mehreren Ebenen:

Sie schafft mentale Probehandlungen, die uns Sicherheit geben

Sie aktiviert unsere Ressourcen und Fähigkeiten

Sie hilft uns, über bisherige Begrenzungen hinauszuwachsen

Sie motiviert uns durch die Vision unseres zukünftigen Selbst

Die produktive Vorstellung wird besonders wirksam, wenn wir sie mit konkretem Handeln verbinden. Jeder Schritt in Richtung unserer Vision verstärkt dabei die Wirkung der Als-Ob-Philosophie.

Aufbau von Selbstvertrauen durch Handeln

Ein zentraler Aspekt der Als-Ob-Philosophie ist die Erkenntnis, dass Selbstvertrauen nicht durch

Denken, sondern durch Handeln entsteht. Wenn wir warten, bis wir uns selbstbewusst genug fühlen, warten wir oft vergeblich. Stattdessen entwickelt sich Selbstvertrauen durch das Sammeln von Erfahrungen und das Meistern von Herausforderungen.

Dieser Prozess folgt einer klaren Struktur:

Wir handeln zunächst, auch wenn wir uns unsicher fühlen

Durch das Handeln sammeln wir Erfahrungen und Erfolge

Diese Erfahrungen stärken unser Selbstvertrauen

Gestärktes Selbstvertrauen ermöglicht mutigeres Handeln

So entsteht eine positive Spirale von Handeln und Wachstum. Jeder noch so kleine Erfolg wird zum Baustein unseres wachsenden Selbstvertrauens.

So-tun-als-ob: Eine tiefere Betrachtung

Das „So-tun-als-ob" ist mehr als eine simple Verhaltenstechnik. Es ist eine fundamentale Strategie zur Überbrückung der Kluft zwischen unserem aktuellen und unserem potenziellen Selbst. Diese Strategie nutzt die Plastizität unseres Gehirns und unsere Fähigkeit zur Selbstentwicklung.

Wichtig ist dabei die Unterscheidung zwischen authentischem „Als-Ob" und bloßer Vortäuschung. Es geht nicht darum, eine Rolle zu spielen oder uns zu verstellen, sondern darum, unsere eigenen Potenziale zu aktivieren und zu entwickeln.

Das „Als-Ob" sollte dabei immer in Reichweite unserer aktuellen Möglichkeiten liegen. Wir orientieren uns an einer realistischen, wenn auch herausfordernden Vision unseres zukünftigen Selbst.

Praktische Anwendung der Als-Ob-Philosophie

Die praktische Umsetzung der Als-Ob-Philosophie erfordert systematisches Vorgehen. Sie beginnt mit der klaren Vorstellung dessen, was wir erreichen oder werden möchten. Diese Vision muss konkret genug sein, um daraus spezifische Handlungen ableiten zu können.

Der nächste Schritt ist die Identifikation der charakteristischen Verhaltensweisen und Haltungen, die mit unserer Vision verbunden sind. Wie würde eine Person mit den von uns angestrebten Qualitäten denken, sprechen und handeln?

Die eigentliche Umsetzung erfolgt dann schrittweise, indem wir diese Verhaltensweisen in unserem Alltag implementieren. Dabei ist es wichtig, mit überschaubaren Schritten zu beginnen und uns graduell zu steigern.

Die Überwindung innerer Widerstände

Bei der Anwendung der Als-Ob-Philosophie werden wir unweigerlich auf innere Widerstände stoßen. Diese können sich als Selbstzweifel, Hochstapler-Syndrom oder Angst vor dem Scheitern manifestieren.

Der konstruktive Umgang mit diesen Widerständen ist ein wichtiger Teil des Prozesses. Wir lernen, sie als normale Begleiterscheinungen von Wachstum und Entwicklung zu akzeptieren, ohne uns von ihnen aufhalten zu lassen.

Integration in den Alltag

Die wahre Kraft der Als-Ob-Philosophie entfaltet sich in ihrer konsequenten Anwendung im Alltag. Dies bedeutet, sie nicht nur in besonderen Situationen, sondern als grundlegende Haltung zu praktizieren.

Dazu gehört:

Die regelmäßige Reflexion unserer Handlungen und Haltungen

Die bewusste Ausrichtung unseres Verhaltens an unserer Vision

Die kontinuierliche Anpassung und Weiterentwicklung unserer Strategien

Die Integration von Feedback und Lernerfahrungen

Fazit des fünften Kapitels

Die Als-Ob-Philosophie ist ein kraftvolles Werkzeug zur persönlichen Entwicklung und Handlungsaktivierung. Sie ermöglicht uns, die Kluft zwischen unserem aktuellen und unserem angestrebten Zustand zu überbrücken und durch gezieltes Handeln unsere Potenziale zu verwirklichen.

Im nächsten Kapitel werden wir uns mit dem iterativen Charakter des Handelns beschäftigen - der Tatsache, dass erfolgreiches Handeln meist ein Prozess kontinuierlicher Anpassung und Verbesserung ist.

Der iterative Charakter des Handelns

Erfolgreiches Handeln ist selten ein linearer Prozess mit einem klar definierten Start- und Zielpunkt. Vielmehr gleicht es einer Spirale kontinuierlicher Verbesserung, bei der jeder Schritt auf den Erfahrungen und Erkenntnissen der vorherigen aufbaut. Das Verständnis dieses iterativen Charakters des Handelns ist entscheidend für nachhaltige Erfolge.

Warum perfekte Ausführung unmöglich ist

Die Vorstellung einer perfekten Ausführung ist ein Mythos, der viele Menschen davon abhält, überhaupt zu beginnen. In der Realität ist Perfektion nicht nur unerreichbar, sondern auch nicht erstrebenswert. Die Komplexität der realen Welt, die Dynamik von Veränderungen und die Begrenztheit unserer Voraussicht machen eine perfekte Ausführung unmöglich.

Diese Erkenntnis sollte uns nicht entmutigen, sondern befreien. Wenn wir akzeptieren, dass Perfektion unmöglich ist, können wir uns auf kontinuierliche Verbesserung konzentrieren. Statt nach dem unerreichbaren Ideal der Perfektion zu streben, fokussieren wir uns darauf, jeden Schritt etwas besser zu machen als den vorherigen.

Die Realität zeigt, dass die erfolgreichsten Projekte und Entwicklungen oft aus bescheidenen, unvollkommenen Anfängen entstanden sind. Der erste Prototyp eines Produkts, die erste Version eines Geschäftsplans oder der erste Entwurf eines kreativen Werks sind selten beeindruckend. Ihre Bedeutung liegt nicht in ihrer Perfektion, sondern in ihrer Funktion als Ausgangspunkt für Verbesserungen.

Die Kraft der Anpassung

Anpassungsfähigkeit ist eine der wichtigsten Eigenschaften erfolgreichen Handelns. Die Fähigkeit, aus Erfahrungen zu lernen und unsere Strategien entsprechend anzupassen, ist oft wichtiger als die Perfektion des ursprünglichen Plans.

Diese Anpassungsfähigkeit zeigt sich auf verschiedenen Ebenen:

Die strategische Ebene umfasst die grundlegende Ausrichtung unseres Handelns. Hier geht es darum, ob wir die richtigen Ziele verfolgen und ob unsere grundlegenden Annahmen noch gültig sind.

Auf der taktischen Ebene geht es um die konkreten Methoden und Vorgehensweisen. Hier passen wir an, wie wir unsere Ziele erreichen wollen.

Die operative Ebene betrifft die täglichen Handlungen und Routinen. Hier optimieren wir die Details unserer Ausführung.

Lernen aus Feedback

Feedback ist der Treibstoff des iterativen Handelns. Ohne qualitatives Feedback ist Verbesserung kaum möglich. Dabei ist es wichtig, verschiedene Arten von Feedback zu berücksichtigen und richtig zu interpretieren.

Direktes Feedback erhalten wir unmittelbar durch die Resultate unseres Handelns. Es zeigt uns konkret, was funktioniert und was nicht.

Indirektes Feedback kommt oft verzögert und in subtileren Formen. Es kann sich in langfristigen

Entwicklungen, Reaktionen anderer oder unerwarteten Nebenwirkungen zeigen.

Systemisches Feedback betrifft die größeren Zusammenhänge unseres Handelns. Es zeigt uns, wie unsere Aktionen mit anderen Faktoren interagieren und welche Wirkungen sie im größeren Kontext haben.

Die Spirale der Verbesserung

Die iterative Natur des Handelns lässt sich am besten als Spirale beschreiben. Anders als ein Kreis, der immer wieder zum Ausgangspunkt zurückkehrt, bewegt sich eine Spirale mit jeder Windung auf eine höhere Ebene. Jeder Durchlauf baut auf den Erfahrungen und Erkenntnissen der vorherigen auf.

Diese Spiralbewegung hat mehrere Vorteile:

Sie ermöglicht kontinuierliches Lernen und Wachstum

Sie verhindert die Wiederholung der gleichen Fehler

Sie führt zu einer stetigen Verfeinerung unserer Methoden

Sie erlaubt die Integration neuer Erkenntnisse und Entwicklungen

Das Prinzip der kleinen Schritte

Ein wichtiger Aspekt des iterativen Handelns ist das Prinzip der kleinen Schritte. Große Veränderungen und Verbesserungen entstehen meist durch die Akkumulation vieler kleiner Anpassungen und Optimierungen.

Kleine Schritte haben mehrere Vorteile:

Sie sind leichter umzusetzen

Sie ermöglichen schnelleres Feedback

Sie reduzieren das Risiko großer Fehler

Sie erleichtern das Lernen aus Erfahrung

Die Integration von Reflexion und Handlung

Erfolgreiches iteratives Handeln erfordert eine Balance zwischen aktivem Tun und reflektierender Betrachtung. Regelmäßige Reflexionsphasen sind notwendig, um aus Erfahrungen zu lernen und bewusste Anpassungen vorzunehmen.

Diese Reflexion sollte strukturiert erfolgen und folgende Fragen behandeln:

Was hat funktioniert und warum?

Was hat nicht funktioniert und warum?

Welche unerwarteten Entwicklungen gab es?

Welche Anpassungen sind notwendig?

Welche neuen Möglichkeiten haben sich eröffnet?

Der Umgang mit Rückschlägen im iterativen Prozess

Rückschläge und Misserfolge sind ein normaler Teil des iterativen Prozesses. Sie sind nicht als endgültige Niederlagen zu verstehen, sondern als wertvolle Quellen von Informationen und Lernerfahrungen.

Der konstruktive Umgang mit Rückschlägen umfasst:

Die genaue Analyse der Ursachen
Die Extraktion wichtiger Lehren
Die Entwicklung verbesserter Strategien
Die Aufrechterhaltung der Handlungsbereitschaft

Fazit des sechsten Kapitels

Das Verständnis des iterativen Charakters des Handelns befreit uns von der lähmenden Suche nach Perfektion und eröffnet den Weg zu kontinuierlicher Verbesserung. Durch die bewusste

Nutzung von Feedback, die Integration von Reflexion und Handlung und die Akzeptanz von Rückschlägen als Lernchancen können wir nachhaltige Fortschritte erzielen.

Im nächsten Kapitel werden wir uns mit Risiko und Belohnung beschäftigen - der Kunst, kalkulierte Risiken einzugehen und die damit verbundenen Chancen zu nutzen.

Risiko und Belohnung

Das Verhältnis von Risiko und Belohnung ist ein fundamentales Prinzip menschlichen Handelns. Jede bedeutsame Handlung beinhaltet ein gewisses Maß an Risiko, aber auch die Chance auf Belohnung. Das Verständnis dieser Dynamik und der konstruktive Umgang damit sind entscheidend für erfolgreiches Handeln.

Verständnis von realem vs. wahrgenommenem Risiko

Ein wesentlicher Aspekt im Umgang mit Risiken ist die Unterscheidung zwischen realen und wahrgenommenen Risiken. Unsere Wahrnehmung von Risiken ist oft verzerrt durch evolutionär bedingte Mechanismen, persönliche Erfahrungen und kulturelle Prägungen.

Die menschliche Psyche neigt dazu, bestimmte Risiken zu überschätzen und andere zu unterschätzen. Besonders deutlich wird dies bei der Bewertung unmittelbarer versus langfristiger Risiken. Während wir kurzfristige, sichtbare Risiken oft überbewerten, unterschätzen wir häufig die langfristigen Risiken des Nicht-Handelns.

Ein systematischer Ansatz zur Risikobewertung berücksichtigt verschiedene Dimensionen:

Die Eintrittswahrscheinlichkeit des Risikos

Das potenzielle Ausmaß des Schadens

Die Reversibilität der Folgen

Die verfügbaren Gegenmaßnahmen und Absicherungen

Das größere Risiko des Nicht-Handelns

Eine zentrale Erkenntnis des Buches ist, dass Nicht-Handeln oft das größere Risiko darstellt. Die Kosten des Nicht-Handelns sind dabei häufig weniger offensichtlich, aber meist weitreichender als die Risiken des aktiven Handelns.

Das Risiko des Nicht-Handelns manifestiert sich auf verschiedenen Ebenen:

Verpasste Chancen und Möglichkeiten

Stagnation in der persönlichen Entwicklung

Verlust von Marktanteilen oder Wettbewerbsvorteilen

Erosion von Fähigkeiten und Kompetenzen

Minderung der Anpassungsfähigkeit

Diese „unsichtbaren" Risiken summieren sich über die Zeit und können zu erheblichen Nachteilen führen. Die Geschichte zeigt zahlreiche Beispiele von Unternehmen und Individuen, die durch zu große Vorsicht und mangelnde Handlungsbereitschaft in die Bedeutungslosigkeit abgerutscht sind.

Kalkulierte Risikobereitschaft

Kalkulierte Risikobereitschaft unterscheidet sich fundamental von blindem Risiko. Sie basiert auf einer bewussten Abwägung von Chancen und Risiken sowie einer strategischen Planung zur Risikominimierung.

Zentrale Elemente kalkulierter Risikobereitschaft sind:

Eine gründliche Analyse der Situation und der möglichen Outcomes

Die Entwicklung von Strategien zur Risikominimierung

Die Vorbereitung von Alternativplänen

Ein systematischer Ansatz zum Lernen aus Erfahrungen

Erfolgreiche Risikostrategien beinhalten oft eine Kombination aus Risikodiversifizierung und schrittweiser Eskalation. Statt alles auf eine Karte zu setzen, werden Risiken gestreut und das Engagement schrittweise erhöht, basierend auf positiven Erfahrungen.

Aufbau von Risikotoleranz

Risikotoleranz ist keine feste Größe, sondern eine Fähigkeit, die entwickelt und trainiert werden kann. Ähnlich wie ein Muskel wächst sie durch regelmäßige, dosierte Beanspruchung.

Der Aufbau von Risikotoleranz erfolgt am besten schrittweise:

Beginnen Sie mit kleinen, überschaubaren Risiken

Lernen Sie aus jeder Erfahrung, positiv wie negativ

Steigern Sie graduelle die Komplexität und das Ausmaß der Risiken

Entwickeln Sie systematische Ansätze zur Risikobewertung und -bewältigung

Eine wichtige Rolle spielt dabei die Entwicklung emotionaler Resilienz. Die Fähigkeit, mit Unsicherheit und möglichen Rückschlägen umzugehen, ist ein wesentlicher Bestandteil gesunder Risikotoleranz.

Die Psychologie des Risikos

Die psychologische Dimension des Risikoverhaltens ist komplex und wird von verschiedenen Faktoren beeinflusst:

Persönliche Erfahrungen und Prägungen
  Kulturelle und soziale Normen
  Emotionale Reaktionsmuster
  Kognitive Verzerrungen und Heuristiken

Das Verständnis dieser psychologischen Faktoren hilft uns, unsere eigenen Reaktionen auf Risikosituationen besser zu verstehen und zu steuern. Besonders wichtig ist dabei die Entwicklung einer realistischen Selbsteinschätzung unserer Risikotoleranz und -kompetenz.

Strategien zur Risikobewältigung

Erfolgreiche Risikobewältigung erfordert einen systematischen Ansatz, der verschiedene Strategien kombiniert:

Risikominimierung durch sorgfältige Planung und Vorbereitung

Aufbau von Sicherheitsnetzen und Rückfallpositionen

Entwicklung von Frühwarnsystemen

Kontinuierliche Überwachung und Anpassung der Strategien

Dabei ist es wichtig, zwischen verschiedenen Arten von Risiken zu unterscheiden und die Strategien entsprechend anzupassen. Nicht jedes Risiko erfordert die gleiche Herangehensweise.

Die Belohnungsseite der Gleichung

Bei aller Fokussierung auf Risiken darf die Belohnungsseite nicht vergessen werden. Risiken eröffnen oft Chancen, die ohne sie nicht zugänglich wären:

Überdurchschnittliche Renditen

Wettbewerbsvorteile

Persönliches Wachstum

Neue Erfahrungen und Erkenntnisse

Innovation und Fortschritt

Die Kunst besteht darin, ein ausgewogenes Verhältnis zwischen Risiko und potenzieller Belohnung zu finden. Dies erfordert sowohl analytische Fähigkeiten als auch intuitives Gespür.

Fazit des siebten Kapitels

Der erfolgreiche Umgang mit Risiken ist eine Schlüsselkompetenz für effektives Handeln. Es geht dabei nicht um die Vermeidung von Risiken, sondern um ihren bewussten und strategischen Einsatz zur Erreichung wichtiger Ziele. Durch die Entwicklung von Risikokompetenz und -toleranz können wir die unvermeidlichen Unsicherheiten des Lebens in Chancen verwandeln.

Im nächsten Kapitel werden wir uns mit Zeitmanagement als Lebensmanagement beschäftigen

- der Kunst, unsere begrenzte Zeit optimal zu nutzen und dabei unsere wichtigsten Ziele nicht aus den Augen zu verlieren.

Zeitmanagement als Lebens-management

Unsere Zeit ist nicht nur eine Ressource unter vielen, sondern die fundamentale Dimension unserer Existenz. Die Art, wie wir mit unserer Zeit umgehen, bestimmt letztlich die Qualität und den Inhalt unseres Lebens. Zeitmanagement ist daher im tieferen Sinne immer Lebensmanagement.

Die Endlichkeit des Daseins

Die Endlichkeit unseres Daseins ist eine grundlegende Tatsache, die unser Verhältnis zur Zeit prägt. Jeder Mensch verfügt über ein begrenztes Zeitbudget, das kontinuierlich und unwiderruflich abnimmt. Diese Erkenntnis mag zunächst beunruhigend erscheinen, kann aber zu einer kraftvollen Quelle der Motivation und Fokussierung werden.

Die Bewusstheit unserer zeitlichen Begrenztheit schärft den Blick für das Wesentliche. Sie zwingt uns, uns ehrlich zu fragen, was wir mit der uns verbleibenden Zeit anfangen wollen. Diese Frage führt uns direkt zu den Kernthemen unserer Existenz: unseren Werten, Prioritäten und Lebenszielen.

Das Verständnis der Endlichkeit unseres Daseins hat praktische Konsequenzen für unser tägliches Handeln. Es hilft uns, zwischen wichtig und dringend zu unterscheiden und unsere Energie auf die wirklich bedeutsamen Aspekte unseres Lebens zu konzentrieren.

Prioritätensetzung durch Handeln

Echte Prioritäten zeigen sich nicht in unseren Absichtserklärungen, sondern in unserem tatsächlichen Handeln. Unsere Zeitverwendung ist der ultimative Ausdruck dessen, was uns wirklich wichtig ist. Die ehrliche Analyse unseres Zeitbudgets kann daher sehr aufschlussreich sein.

Die Kunst der Prioritätensetzung besteht darin, unsere Handlungen mit unseren erklärten Werten und Zielen in Einklang zu bringen. Dies erfordert oft schwierige Entscheidungen und den Mut, Nein zu sagen zu Aktivitäten, die nicht zu unseren Kernprioritäten gehören.

Effektive Prioritätensetzung bedeutet auch, zwischen strategischen und operativen Tätigkeiten zu unterscheiden. Während operative Aufgaben oft dringend erscheinen, sind es die strategischen Aktivitäten, die langfristig den größten Einfluss auf unser Leben haben.

Der Mythos des „Someday"

Eine der größten Fallen im Umgang mit Zeit ist
der Mythos des „Someday" - die Vorstellung,
dass wir irgendwann in der Zukunft mehr Zeit,
Energie oder bessere Bedingungen haben werden.
Diese Denkweise führt oft dazu, dass wichtige
Vorhaben immer wieder aufgeschoben werden.

Die Realität zeigt, dass die Zukunft selten ein-
facher oder weniger komplex wird. Im Gegenteil:
Mit zunehmendem Alter nehmen oft auch die
Verpflichtungen und Einschränkungen zu. Der
beste Zeitpunkt für bedeutsame Veränderungen
und Projekte ist daher meist die Gegenwart.

Die Überwindung des „Someday"-Denkens erfordert eine ehrliche Auseinandersetzung mit unseren Ausreden und Vermeidungsstrategien. Es geht
darum zu erkennen, dass das Aufschieben wich-

tiger Vorhaben meist mehr mit inneren Widerständen als mit äußeren Umständen zu tun hat.

Zeit wertvoll nutzen

Zeit wertvoll zu nutzen bedeutet nicht, jeden Moment mit Aktivität zu füllen. Es geht vielmehr darum, eine bewusste Balance zwischen verschiedenen Arten der Zeitnutzung zu finden:

Produktive Zeit für Arbeit und Entwicklung
Regenerative Zeit für Erholung und Entspannung
Kreative Zeit für Innovation und neue Ideen
Soziale Zeit für Beziehungen und Gemeinschaft
Reflektive Zeit für Nachdenken und Orientierung

Die Kunst besteht darin, diese verschiedenen Zeitqualitäten in einem ausgewogenen Verhältnis zu kombinieren. Dabei ist es wichtig zu verstehen, dass scheinbar „unproduktive" Zeiten oft essentiell für unsere Gesamteffektivität sind.

Zeitmanagement-Systeme und ihre Grenzen

Klassische Zeitmanagement-Systeme können hilfreiche Werkzeuge sein, greifen aber oft zu kurz, wenn es um die tieferen Aspekte der Zeitnutzung geht. Ein mechanistischer Ansatz zur Zeitoptimierung verfehlt die existenzielle Dimension der Zeitfrage.

Effektives Zeitmanagement muss daher über technische Tools und Methoden hinausgehen. Es erfordert ein tieferes Verständnis unserer Motivation, unserer Energiemuster und unserer langfristigen Lebensziele.

Die Integration von Zeit und Lebenssinn

Die höchste Form des Zeitmanagements ist die Integration von Zeitnutzung und Lebenssinn.

Wenn unsere täglichen Aktivitäten in Einklang mit unseren tieferen Werten und Zielen stehen, entsteht ein Gefühl von Stimmigkeit und Erfüllung.

Diese Integration manifestiert sich in verschiedenen Aspekten:

Unsere Arbeit wird zum Ausdruck unserer Berufung

Unsere Beziehungen vertiefen sich durch bewusste Präsenz

Unsere Freizeit wird zur Quelle echter Regeneration

Unsere persönliche Entwicklung geschieht organisch und natürlich

Fazit des achten Kapitels

Zeitmanagement als Lebensmanagement zu verstehen öffnet eine tiefere Perspektive auf die Frage, wie wir unsere begrenzte Lebenszeit bestmöglich nutzen können. Es geht nicht nur um Effizienz und Produktivität, sondern um die bewusste Gestaltung unseres Lebens in Übereinstimmung mit unseren Werten und Zielen.

Im nächsten Kapitel werden wir uns mit den sozialen Dynamiken des Handelns beschäftigen - der Art und Weise, wie unser Handeln durch soziale Beziehungen beeinflusst wird und diese wiederum beeinflusst.

Die sozialen Dynamiken des Handelns

Menschliches Handeln findet nicht im luftleeren Raum statt, sondern ist eingebettet in ein komplexes Netz sozialer Beziehungen und Wechselwirkungen. Das Verständnis dieser sozialen

Dynamiken ist entscheidend für erfolgreiches und nachhaltiges Handeln.

Wie Handeln Chancen anzieht

Eine fundamentale Erkenntnis dieser Philosophie ist, dass aktives Handeln Möglichkeiten und Chancen eröffnet, die für passive Beobachter unsichtbar bleiben. Wenn wir handeln, setzen wir soziale Prozesse in Gang, die neue Verbindungen, Gelegenheiten und Perspektiven entstehen lassen.

Diese Dynamik entsteht durch verschiedene Mechanismen. Zunächst macht uns Handeln sichtbar für andere. Menschen nehmen uns als aktiven, engagierten Akteur wahr und reagieren entsprechend. Dies führt oft zu erhöhter Aufmerksamkeit und gesteigertem Interesse an einer Zusammenarbeit.

Darüber hinaus demonstriert aktives Handeln unsere Fähigkeiten und unser Engagement. Es sendet ein klares Signal an unser soziales Umfeld, dass wir bereit sind, Initiative zu ergreifen und Verantwortung zu übernehmen. Dies wiederum erhöht das Vertrauen anderer in unsere Kompetenz und Verlässlichkeit.

Aufbau von Momentum durch Beziehungen

Soziale Beziehungen sind ein wesentlicher Faktor für die Entwicklung von Momentum in unserem Handeln. Wenn wir beginnen zu handeln, ziehen wir nicht nur die Aufmerksamkeit anderer auf uns, sondern aktivieren auch bestehende Netzwerke und Beziehungen.

Diese sozialen Verbindungen können verschiedene Formen von Unterstützung bieten:

Praktische Hilfe und Ressourcen
    Emotionale Unterstützung und Ermutigung
    Fachliche Beratung und Expertise

Zugang zu weiteren Netzwerken und Kontakten

Das entstehende Momentum wird dabei oft durch positive Rückkopplungsschleifen verstärkt. Erfolgreiche Handlungen führen zu verstärkter sozialer Unterstützung, die wiederum weitere erfolgreiche Handlungen ermöglicht.

Die ansteckende Natur der Initiative

Initiative und Handlungsbereitschaft haben eine ansteckende Wirkung auf unser soziales Umfeld. Wenn Menschen sehen, dass jemand aktiv wird und Veränderungen anstößt, inspiriert dies oft auch andere zum Handeln. Dieser Effekt basiert auf verschiedenen psychologischen Mechanismen, darunter soziales Lernen und positive Vorbildwirkung.

Diese ansteckende Wirkung kann sich in verschiedenen Kontexten manifestieren:

In Teams und Organisationen, wo eine Person durch ihr Beispiel andere motiviert

In sozialen Bewegungen, die durch das Handeln Einzelner an Schwung gewinnen

In persönlichen Beziehungen, wo aktives Engagement andere inspiriert

In gesellschaftlichen Veränderungsprozessen, die oft von wenigen Aktiven ausgehen

Führung durch Tun

Eine besonders wirksame Form der Führung ist das Führen durch Handeln. Diese Art der Führung basiert nicht auf formaler Autorität oder theoretischen Konzepten, sondern auf konkretem Tun und sichtbaren Resultaten.

Führung durch Handeln hat mehrere Vorteile:

Sie schafft Glaubwürdigkeit durch konkrete Ergebnisse

Sie inspiriert andere durch praktisches Beispiel

Sie ermöglicht authentisches Lernen aus Erfahrung

Sie baut Vertrauen durch geteilte Herausforderungen auf

Diese Form der Führung ist besonders effektiv in Situationen des Wandels und der Unsicherheit, wo traditionelle Führungsansätze oft an ihre Grenzen stoßen.

Die Rolle sozialer Unterstützungssysteme

Erfolgreiche Handlungsstrategien berücksichtigen die Bedeutung sozialer Unterstützungssysteme. Diese Systeme können verschiedene Formen annehmen:

Mentoring-Beziehungen, die Erfahrung und Wissen weitergeben

Peer-Gruppen, die gegenseitige Unterstützung und Motivation bieten

Professionelle Netzwerke, die Ressourcen und Opportunitäten teilen

Persönliche Beziehungen, die emotionalen Rückhalt geben

Die bewusste Entwicklung und Pflege solcher Unterstützungssysteme ist ein wesentlicher Faktor für nachhaltigen Erfolg.

Die Überwindung sozialer Widerstände

Jedes bedeutsame Handeln stößt unweigerlich auch auf soziale Widerstände. Diese können verschiedene Formen annehmen:

Skeptische oder negative Reaktionen aus dem Umfeld

Etablierte Strukturen und Gewohnheiten, die Veränderung erschweren

Soziale Normen und Erwartungen, die Innovation hemmen

Konkurrenz und Wettbewerb um begrenzte Ressourcen

Der konstruktive Umgang mit solchen Widerständen erfordert sowohl strategisches Geschick als auch emotionale Intelligenz.

Fazit des neunten Kapitels

Die sozialen Dynamiken des Handelns zu verstehen und bewusst zu nutzen ist ein wesentlicher Faktor für erfolgreiches Handeln. Durch die gezielte Aktivierung sozialer Ressourcen und die bewusste Gestaltung sozialer Beziehungen können wir die Wirksamkeit unseres Handelns deutlich steigern.

Im nächsten Kapitel werden wir uns mit der Überwindung der Analyse-Paralyse beschäftigen - der Kunst, aus dem endlosen Kreislauf des Überlegens in produktives Handeln zu kommen.

Überwindung der Analyse-Paralyse

Die Analyse-Paralyse ist ein Phänomen, das viele Menschen daran hindert, von der Planung ins Handeln zu kommen. Es beschreibt einen Zustand, in dem endloses Analysieren und Abwägen das tatsächliche Handeln ersetzt. Das Verständnis und die Überwindung dieses Zustands sind entscheidend für effektives Handeln.

Die Falle der endlosen Vorbereitung

Die endlose Vorbereitung ist eine subtile Form der Vermeidung. Unter dem Deckmantel der Gründlichkeit und Professionalität versteckt sich oft die Angst vor dem tatsächlichen Handeln. Dieser Zustand manifestiert sich in verschiedenen Verhaltensweisen: Wir sammeln immer mehr

Informationen, verfeinern unsere Pläne kontinuierlich und suchen nach der perfekten Strategie.

Das Problem liegt nicht in der Vorbereitung an sich, die durchaus wichtig und notwendig ist. Die Schwierigkeit entsteht, wenn die Vorbereitung zum Selbstzweck wird und das eigentliche Handeln ersetzt. Dies geschieht oft unmerklich und wird durch verschiedene psychologische Mechanismen aufrechterhalten.

Ein wesentlicher Faktor ist das Gefühl der Sicherheit und Kontrolle, das intensive Analyse und Planung vermitteln. Im geschützten Raum der theoretischen Überlegung müssen wir uns nicht der Unsicherheit und dem Risiko des realen Handelns stellen. Diese vermeintliche Sicherheit ist jedoch trügerisch, da sie uns von unserem eigentlichen Ziel - der Umsetzung - entfernt.

Befreiung vom Perfektionismus

Perfektionismus ist einer der Haupttreiber der Analyse-Paralyse. Der Wunsch nach perfekter Vorbereitung und fehlerfreier Ausführung kann lähmend wirken. Die Befreiung von perfektionistischen Ansprüchen ist daher ein wesentlicher Schritt zur Überwindung der Analyse-Paralyse.

Diese Befreiung bedeutet nicht, unsere Qualitätsansprüche aufzugeben. Es geht vielmehr darum, ein gesundes Verhältnis zwischen Qualität und Handlungsfähigkeit zu entwickeln. Wir müssen verstehen, dass „gut genug" oft besser ist als „perfekt, aber nie fertig".

Ein hilfreicher Ansatz ist das Konzept der Minimalversion oder des „Minimal Viable Product". Statt nach Perfektion zu streben, konzentrieren wir uns darauf, eine funktionsfähige Basisversion zu erstellen, die wir dann schrittweise verbessern können.

Der Wert unvollkommenen Handelns

Unvollkommenes Handeln hat einen intrinsischen Wert, der oft unterschätzt wird. Durch reales Handeln, auch wenn es nicht perfekt ist, gewinnen wir Erfahrungen und Erkenntnisse, die durch keine noch so gründliche Analyse zu ersetzen sind.

Diese praktischen Erfahrungen sind wertvoll auf mehreren Ebenen:

Sie liefern konkretes Feedback über die Realität

Sie zeigen uns blinde Flecken in unserer Planung

Sie entwickeln unsere praktischen Fähigkeiten

Sie stärken unser Selbstvertrauen durch reale Erfolge

Das Verständnis dieses Wertes kann uns helfen, die Angst vor unvollkommenem Handeln zu überwinden und den Schritt von der Analyse zur Aktion zu wagen.

Anfangen bevor man bereit ist

Eine zentrale Erkenntnis im Kampf gegen die Analyse-Paralyse ist die Tatsache, dass wir nie vollständig „bereit" sein werden. Es wird immer weitere Aspekte geben, die wir analysieren könnten, zusätzliche Informationen, die wir sammeln könnten, neue Perspektiven, die wir berücksichtigen könnten.

Die Kunst besteht darin, den richtigen Zeitpunkt zum Handeln zu erkennen - nicht wenn wir uns vollständig vorbereitet fühlen, sondern wenn wir ausreichend vorbereitet sind. Dies erfordert oft den Mut, mit einem gewissen Maß an Unsicherheit und Unvollständigkeit zu leben.

Praktische Strategien zur Überwindung der Analyse-Paralyse

Zur Überwindung der Analyse-Paralyse haben sich verschiedene praktische Strategien bewährt:

Die Festlegung klarer zeitlicher Grenzen für die Analysephase

Die Unterteilung großer Projekte in überschaubare Teilschritte

Die Definition konkreter Kriterien für den Übergang zum Handeln

Die bewusste Akzeptanz von Unvollkommenheit als Teil des Prozesses

Diese Strategien helfen uns, aus dem endlosen Kreislauf des Analysierens auszubrechen und in produktives Handeln zu kommen.

Fazit des zehnten Kapitels

Die Überwindung der Analyse-Paralyse ist ein wesentlicher Schritt zur Entwicklung echter Handlungskompetenz. Sie erfordert sowohl das Verständnis der zugrundeliegenden psychologischen Mechanismen als auch die Anwendung praktischer Strategien zur Überwindung von Perfektionismus und Handlungsblockaden.

Im nächsten Kapitel werden wir uns mit der Ethik des Handelns beschäftigen - der Frage nach Verantwortung und moralischen Dimensionen unseres Handelns in einer komplexen Welt.

Die Ethik des Handelns

Die ethische Dimension des Handelns ist in unserer komplexen und vernetzten Welt von besonderer Bedeutung. Jede Handlung hat Auswirkungen auf andere Menschen und unsere Umwelt. Das Verständnis dieser Verantwortung und ihrer Implikationen ist fundamental für bewusstes und nachhaltiges Handeln.

Verantwortung und Konsequenz

Handeln bedeutet immer auch Verantwortung zu übernehmen - für die direkten und indirekten Folgen unseres Tuns. Diese Verantwortung erstreckt sich über verschiedene Ebenen: die persönliche, die soziale und die gesellschaftliche Ebene. In einer vernetzten Welt sind die Auswirkungen unseres Handelns oft weitreichender als wir zunächst annehmen.

Die Verantwortung für unser Handeln beinhaltet auch die Bereitschaft, die Konsequenzen zu tragen. Dies bedeutet nicht nur, für negative Folgen einzustehen, sondern auch positive Wirkungen bewusst anzustreben und zu verstärken. Verantwortliches Handeln erfordert daher eine vorausschauende Perspektive, die mögliche Auswirkungen bereits im Vorfeld berücksichtigt.

Die besondere Herausforderung liegt dabei in der Komplexität moderner Handlungszusammenhänge. Oft sind die Folgen unseres Handelns nicht unmittelbar sichtbar oder entstehen erst über längere Zeiträume. Dies erfordert ein erhöhtes Maß an Bewusstheit und Weitblick in unseren Entscheidungen.

Die moralische Dimension der Initiative

Initiative ergreifen bedeutet nicht nur praktisches Handeln, sondern hat auch eine moralische Dimension. Wenn wir erkennen, dass etwas getan werden muss, und die Fähigkeit haben zu handeln, entsteht eine moralische Verpflichtung. Diese Verpflichtung ergibt sich aus unserer Fähigkeit, durch unser Handeln positive Veränderung zu bewirken.

Die moralische Dimension zeigt sich besonders deutlich in Situationen, wo andere von unserem Handeln abhängig sind oder wo unser Nicht-Handeln negative Folgen für andere hätte. Hier wird Initiative zu einer Form der sozialen Verantwortung. Dies gilt sowohl im persönlichen Umfeld als auch im größeren gesellschaftlichen Kontext.

Gleichzeitig müssen wir uns der Grenzen unserer Verantwortung bewusst sein. Nicht jedes Problem in der Welt können und müssen wir lösen. Die Kunst besteht darin, den Bereich unserer legitimen und effektiven Einflussnahme zu erkennen und uns darauf zu konzentrieren.

Handeln als Dienst

Eine besonders wertvolle Perspektive ist das Verständnis von Handeln als Dienst. Wenn wir unser Handeln nicht nur als Mittel zur Erreichung persönlicher Ziele sehen, sondern als Beitrag zum größeren Ganzen, gewinnt es eine tiefere Bedeutung und Qualität.

Handeln als Dienst bedeutet, über den eigenen unmittelbaren Vorteil hinauszudenken und zu fragen, wie unser Tun anderen und der Gemeinschaft nützen kann. Diese Haltung führt oft zu nachhaltigeren und erfüllenderen Ergebnissen als rein eigennütziges Handeln.

Dies bedeutet nicht, dass wir unsere eigenen Interessen vernachlässigen sollen. Vielmehr geht es darum, eine Balance zu finden zwischen persönlichem Nutzen und gesellschaftlichem Beitrag. Die besten Lösungen sind oft jene, die beiden Aspekten gerecht werden.

Die Pflicht zu handeln

In bestimmten Situationen wird Handeln zur ethischen Pflicht. Dies gilt besonders dann, wenn wir als einzige in der Lage sind zu helfen oder wenn unser Nicht-Handeln zu vermeidbarem Schaden führen würde. Die Pflicht zu handeln ergibt sich aus unserer moralischen Verantwortung als soziale Wesen.

Diese Pflicht ist jedoch nicht absolut und muss im Kontext unserer Möglichkeiten und Grenzen gesehen werden. Es geht nicht darum, uns zu überfordern oder über unsere Kapazitäten hinaus zu engagieren. Vielmehr sollten wir bewusst abwägen, wo unser Handeln den größten positiven Effekt haben kann.

Ethische Entscheidungsfindung im Handeln

Ethische Entscheidungsfindung im Kontext des Handelns erfordert die Berücksichtigung verschiedener Perspektiven und Prinzipien. Dabei können uns bestimmte Leitfragen helfen:

Wie wirkt sich unser Handeln auf andere aus?

Stehen die Mittel in einem angemessenen Verhältnis zum Ziel?

Sind die Folgen unseres Handelns nachhaltig und vertretbar?

Berücksichtigen wir die Interessen aller Betroffenen angemessen?

Diese Fragen helfen uns, ethisch reflektierte Entscheidungen zu treffen und verantwortungsvoll zu handeln.

Fazit des elften Kapitels

Die ethische Dimension des Handelns ist ein wesentlicher Aspekt einer reifen Philosophie des Tuns. Sie erfordert von uns, über die rein praktischen Aspekte des Handelns hinauszudenken und unsere Verantwortung als handelnde Wesen ernst zu nehmen. Nur wenn wir diese ethische Dimension berücksichtigen, können wir nachhaltig und sinnvoll handeln.

Im nächsten Kapitel werden wir uns mit mentalen Modellen für das Handeln beschäftigen - den Denkwerkzeugen, die uns helfen, effektiver und bewusster zu handeln.

Mentale Modelle für das Handeln

Mentale Modelle sind die Denkwerkzeuge und kognitiven Rahmen, die unser Verständnis der Welt und damit auch unser Handeln prägen. Ein bewusster Umgang mit diesen Modellen kann unsere Handlungsfähigkeit und Effektivität erheblich steigern.

Die Bias towards Action

Eine grundlegende Orientierung für effektives Handeln ist der „Bias towards Action" - die bewusste Tendenz zum Handeln. Dieser mentale Rahmen bedeutet, Handeln als Standardoption zu betrachten und Nicht-Handeln als die Option, die einer besonderen Begründung bedarf. Diese Haltung kehrt die übliche Tendenz zur Passivität um und macht aktives Handeln zum Normalfall.

Diese Orientierung basiert auf der Erkenntnis, dass die Kosten des Nicht-Handelns oft unterschätzt werden, während die Risiken des Handelns überschätzt werden. Ein Bias towards Action bedeutet nicht, unüberlegt oder impulsiv zu handeln. Vielmehr geht es darum, nach angemessener Überlegung zügig in die Umsetzung zu kommen.

Die praktische Anwendung dieses mentalen Modells zeigt sich in der Bereitschaft, auch mit unvollständigen Informationen zu handeln, früh Feedback einzuholen und Anpassungen vorzunehmen, statt auf perfekte Bedingungen zu warten.

Entscheidungsfindungsrahmen

Effektive Entscheidungsfindung erfordert klare mentale Rahmen, die uns helfen, komplexe Situationen zu strukturieren und handhabbar zu machen. Ein bewährter Rahmen ist das „WRAP-Modell": Widen options (Optionen erweitern), Reality-test assumptions (Annahmen überprüfen), Attain distance (Distanz gewinnen), Prepare to be wrong (auf Irrtümer vorbereitet sein).

Dieser Rahmen hilft uns, systematisch bessere Entscheidungen zu treffen und typische Entscheidungsfallen zu vermeiden. Er erinnert uns daran, über die erstoffensichtlichen Optionen hinauszudenken, unsere Annahmen kritisch zu hinterfragen und eine gesunde Distanz zu unseren eigenen Überzeugungen zu wahren.

Ein weiterer wichtiger Entscheidungsrahmen ist die Unterscheidung zwischen reversiblen und irreversiblen Entscheidungen. Diese Unterscheidung hilft uns, unseren Entscheidungsprozess der jeweiligen Situation angemessen anzupassen.

Werkzeuge zur Risikobewertung

Die realistische Einschätzung von Risiken ist eine zentrale Herausforderung beim Handeln. Mentale Modelle zur Risikobewertung helfen uns, Risiken systematisch zu analysieren und angemessen darauf zu reagieren. Ein nützliches Modell ist die Matrix aus Eintrittswahrscheinlichkeit und potenziellem Impact.

Diese Matrix ermöglicht es uns, Risiken zu priorisieren und angemessene Gegenmaßnahmen zu entwickeln. Sie hilft uns auch, zwischen verschiedenen Arten von Risiken zu unterscheiden und unsere Ressourcen entsprechend ihrer Bedeutung einzusetzen.

Ein weiteres wichtiges mentales Modell im Umgang mit Risiken ist das Konzept der „antifragilen" Strategien - Ansätze, die von Volatilität und Störungen profitieren können, statt nur robust dagegen zu sein.

Handlungsorientierte Denkweisen

Bestimmte Denkweisen unterstützen und fördern aktives Handeln. Eine zentrale handlungsorientierte Denkweise ist das „Growth Mindset" - die Überzeugung, dass Fähigkeiten und Intelligenz durch Einsatz und Lernen entwickelt werden können. Diese Haltung ermutigt zum Handeln, da sie Fehler und Schwierigkeiten als Lernchancen statt als Bedrohungen wahrnimmt.

Eine weitere wichtige Denkweise ist die „Experimentiermentalität" - die Bereitschaft, Handeln als Experiment zu sehen und aus den Ergebnissen zu lernen. Diese Haltung reduziert den Druck, alles perfekt machen zu müssen, und fördert einen pragmatischen, lernorientierten Ansatz.

Die Integration dieser Denkweisen in unseren Handlungsalltag erfordert bewusste Übung und regelmäßige Reflexion. Mit der Zeit werden sie zu natürlichen Aspekten unseres Handelns.

Fazit des zwölften Kapitels

Mentale Modelle sind entscheidende Werkzeuge für effektives Handeln. Sie helfen uns, komplexe Situationen zu strukturieren, bessere Entscheidungen zu treffen und angemessen mit Risiken umzugehen. Die bewusste Entwicklung und Anwendung dieser Modelle ist ein wesentlicher Aspekt der Entwicklung unserer Handlungskompetenz.

Im nächsten Kapitel werden wir uns mit der Verbindung zwischen körperlicher Bewegung und mentalem Handeln beschäftigen - einem oft unterschätzten Aspekt effektiven Handelns.

Körperliche Bewegung und mentales Handeln

Die Verbindung zwischen körperlicher Bewegung und mentalem Handeln ist fundamental für unser Verständnis effektiven Handelns. Die Erkenntnis, dass Körper und Geist eine untrennbare Einheit bilden, hat weitreichende Implikationen für die Entwicklung unserer Handlungsfähigkeit.

Die Körper-Geist-Verbindung

Die traditionelle Trennung von Körper und Geist erweist sich zunehmend als künstlich und irreführend. Moderne neurowissenschaftliche Forschung zeigt, dass körperliche und mentale Prozesse eng miteinander verwoben sind. Unsere Körperhaltung beeinflusst unser Denken und Fühlen, während umgekehrt unsere mentalen Zustände sich in körperlichen Reaktionen manifestieren.

Diese Wechselwirkung hat praktische Konsequenzen für unser Handeln. Eine aufrechte, energetische Körperhaltung fördert zuversichtliches und entschlossenes Denken. Körperliche

Bewegung stimuliert die Produktion von Neuro-transmittern, die unsere mentale Leistungsfähig-keit und Entscheidungsfreude steigern. Die Integration dieser Erkenntnisse in unsere Handlungs-strategien kann unsere Effektivität erheblich ver-bessern.

Physisches Handeln zur Überwindung mentaler Blockaden

Körperliche Aktivität kann ein wirksames Mittel zur Überwindung mentaler Blockaden sein. Wenn wir uns in Gedankenkreisen verfangen oder von Zweifeln gelähmt sind, kann bewusste körper-liche Bewegung den Weg zu neuem Denken und Handeln öffnen. Der Körper wird dabei zum Ver-bündeten im Prozess der Überwindung von Hand-lungsblockaden.

Diese Strategie funktioniert auf verschiedenen Ebenen. Zum einen schafft körperliche Bewegung Abstand zu kreisenden Gedanken und ermöglicht neue Perspektiven. Zum anderen aktiviert sie unsere natürlichen Energieressourcen und stärkt unser Gefühl von Handlungsfähigkeit. Nicht zuletzt kann körperliche Aktivität auch direkt Stresshormone abbauen und damit mentale Blockaden lösen.

Die Rolle von Routine und Ritual

Routinen und Rituale bilden eine Brücke zwischen körperlicher und mentaler Aktivität. Sie schaffen verlässliche Strukturen, die uns helfen, vom Denken ins Handeln zu kommen. Dabei ist die körperliche Komponente dieser Routinen oft ebenso wichtig wie ihr mentaler Aspekt.

Ein morgendliches Bewegungsritual beispielsweise bereitet nicht nur den Körper auf den Tag vor, sondern schafft auch mental die richtige Einstellung für aktives Handeln. Ähnlich können kurze Bewegungspausen während des Arbeitstages helfen, neue mentale Energie zu mobilisieren und Handlungsblockaden zu überwinden.

Energiemanagement für nachhaltiges Handeln

Nachhaltiges Handeln erfordert ein bewusstes Management unserer Energieressourcen. Dabei spielt die Balance zwischen körperlicher und mentaler Energie eine zentrale Rolle. Ein Verständnis unserer persönlichen Energiemuster und der Wechselwirkungen zwischen körperlicher und mentaler Leistungsfähigkeit ist fundamental für langfristig erfolgreiches Handeln.

Wichtig ist dabei die Erkenntnis, dass Energie nicht unbegrenzt verfügbar ist und regelmäßiger Regeneration bedarf. Die bewusste Integration von Bewegungs- und Ruhephasen in unseren Tagesablauf kann unsere Handlungsfähigkeit erheblich steigern und nachhaltig erhalten.

Fazit des dreizehnten Kapitels

Die Integration von körperlicher Bewegung und mentalem Handeln ist ein Schlüsselfaktor für effektives und nachhaltiges Handeln. Das Verständnis und die bewusste Nutzung der Körper-Geist-Verbindung können unsere Handlungsfähigkeit auf vielfältige Weise unterstützen und stärken.

Im nächsten Kapitel werden wir uns mit der Kunst des Beginnens beschäftigen - den entscheidenden ersten Schritten, die jedes bedeutsame Handeln einleiten.

Die Kunst des Beginnens

Der Beginn ist der kritischste Moment jeder bedeutsamen Handlung. In diesem entscheidenden Augenblick manifestiert sich der Übergang von der Potenzialität zur Aktualität, von der Möglichkeit zur Wirklichkeit. Das Verständnis und die Beherrschung der Kunst des Beginnens ist daher fundamental für erfolgreiches Handeln.

Klein anfangen

Die Kunst des kleinen Anfangs liegt in der Reduktion von Komplexität und Widerstand. Große Vorhaben können überwältigend erscheinen und dadurch Handlungsblockaden erzeugen. Die bewusste Entscheidung für einen kleinen, überschaubaren ersten Schritt umgeht diese psychologische Hürde und ermöglicht den Einstieg in die Handlung.

Dieser Ansatz basiert auf dem Verständnis, dass jede noch so große Unternehmung mit einem einzelnen Schritt beginnt. Der kleine Anfang ist dabei nicht Ausdruck mangelnden Ehrgeizes, sondern eine strategische Entscheidung für nachhaltigen Erfolg. Er ermöglicht uns, früh Erfahrungen zu sammeln und aus ihnen zu lernen, ohne uns durch zu hohe Anforderungen zu überfordern.

Die Strategie des kleinen Anfangs manifestiert sich in verschiedenen Formen:

Ein zeitlich begrenzter erster Versuch
Ein räumlich oder inhaltlich eingegrenztes Pilotprojekt
Eine vereinfachte Version des Endziels
Ein fokussierter Teilaspekt des Gesamtvorhabens

Schwung aufbauen

Nach dem ersten Schritt geht es darum, Momentum zu entwickeln. Momentum entsteht durch die Kombination von Bewegung und Masse - in unserem Fall durch die Verbindung von kontinuierlichem Handeln und wachsender Erfahrung. Dieses Momentum macht es zunehmend leichter, im Handeln zu bleiben und weitere Schritte zu unternehmen.

Der Aufbau von Momentum folgt dabei bestimmten Prinzipien:

Regelmäßigkeit ist wichtiger als Intensität
Kleine, häufige Erfolge schaffen mehr Momentum als seltene große
Die Verbindung von Handlungen schafft synergetische Effekte
Positive Rückkopplungsschleifen verstärken die Bewegung

Die Kraft des schrittweisen Fortschritts

Schrittweiser Fortschritt ist ein fundamentales Prinzip nachhaltigen Handelns. Es basiert auf der Erkenntnis, dass bedeutsame Veränderungen und Entwicklungen meist nicht in großen Sprüngen, sondern in einer Abfolge kleiner, konsequenter Schritte erfolgen.

Dieser Ansatz hat mehrere Vorteile:

Er ermöglicht kontinuierliches Lernen und Anpassung
Er reduziert das Risiko größerer Fehlschläge
Er schafft eine solide Basis für weiteres Wachstum
Er ist psychologisch nachhaltiger als radikale Veränderungen

Überwindung des Anfangswiderstands

Der Anfangswiderstand ist ein natürliches Phänomen, das jeder bedeutsamen Handlung vorausgeht. Er manifestiert sich als innere Trägheit, als Zögern oder als scheinbar rationale Gründe für Aufschub. Die Überwindung dieses Widerstands erfordert sowohl Verständnis für seine Natur als auch praktische Strategien zu seiner Bewältigung.

Dabei haben sich verschiedene Ansätze bewährt:

Die bewusste Reduktion der Einstiegshürde

Die Schaffung verbindlicher Starttermine

Die Nutzung sozialer Unterstützung

Die Verbindung des Starts mit positiven Anreizen

Implementation Intention

Ein besonders wirksames Werkzeug für den erfolgreichen Beginn ist die „Implementation Intention" - die konkrete Festlegung von Zeit, Ort und Art des Handelns. Diese spezifische Planung reduziert den mentalen Aufwand beim Start und erhöht die Wahrscheinlichkeit der tatsächlichen Umsetzung erheblich.

Die Implementation Intention folgt dabei einem klaren Format:

„Ich werde X (spezifische Handlung) um Y (Zeit) an Z (Ort) tun."

Diese konkrete Festlegung eliminiert viele der üblichen Hindernisse und Ausreden, die uns vom Beginnen abhalten können.

Die Rolle der Vorbereitung

Eine angemessene Vorbereitung kann den Start erheblich erleichtern. Dabei ist es wichtig, die Balance zwischen notwendiger Vorbereitung und vermeidbarer Verzögerung zu finden. Die Vorbereitung sollte dem Start dienen, nicht ihn ersetzen.

Effektive Vorbereitung konzentriert sich auf:

Die Schaffung günstiger Startbedingungen
  Die Bereitstellung notwendiger Ressourcen
  Die Antizipation möglicher Hindernisse
  Die mentale und emotionale Einstimmung

Fazit des vierzehnten Kapitels

Die Kunst des Beginnens ist ein zentraler Aspekt erfolgreichen Handelns. Durch das Verständnis der Prinzipien des kleinen Anfangs, des Momentumaufbaus und der Überwindung von Anfangswiderständen können wir den kritischen Moment des Beginns besser meistern und den Grundstein für nachhaltigen Erfolg legen.

Im nächsten Kapitel werden wir uns mit dem Umgang mit Scheitern beschäftigen - einem unvermeidlichen und lehrreichen Aspekt jeden bedeutsamen Handelns.

Umgang mit Scheitern

Das Scheitern ist ein unvermeidbarer und zugleich wertvoller Bestandteil jeden bedeutsamen Handelns. Die Art und Weise, wie wir mit

Scheitern umgehen, entscheidet maßgeblich über unseren langfristigen Erfolg und unsere persönliche Entwicklung.

Scheitern als Feedback

Scheitern ist in seiner konstruktivsten Form eine besonders intensive Art von Feedback. Es zeigt uns unmittelbar und unmissverständlich, wo unsere Annahmen, Strategien oder Handlungen Anpassung benötigen. Diese Perspektive transformiert das Scheitern von einem niederschmetternden Ereignis zu einer wertvollen Informationsquelle.

Die Qualität dieses Feedbacks liegt in seiner Eindeutigkeit und Unmittelbarkeit. Während Erfolg manchmal auf glücklichen Umständen basieren kann, zeigt uns Scheitern meist sehr präzise, wo Verbesserungsbedarf besteht. Diese Klarheit ist ein wesentlicher Vorteil für unseren Lernprozess.

Um Scheitern als Feedback nutzen zu können, müssen wir allerdings die richtige Haltung entwickeln. Dies bedeutet, uns von der emotionalen Bewertung des Scheiterns zu lösen und es stattdessen als neutrales Datenmaterial für unsere weitere Entwicklung zu betrachten.

Der Lernzyklus

Das Lernen aus dem Scheitern folgt einem charakteristischen Zyklus. Dieser Prozess beginnt mit der unmittelbaren Erfahrung des Scheiterns, führt über die Reflexion und Analyse zu neuen Erkenntnissen und mündet schließlich in angepasstes Handeln. Das Verständnis und die bewusste Gestaltung dieses Zyklus sind entscheidend für produktives Lernen aus dem Scheitern.

Der Lernzyklus umfasst mehrere Phasen:

Die Erfahrungsphase, in der das Scheitern unmittelbar erlebt wird

Die Reflexionsphase, in der das Geschehene analysiert wird

Die Erkenntnisphase, in der neue Einsichten gewonnen werden

Die Integrationsphase, in der diese Erkenntnisse in neue Handlungsstrategien umgesetzt werden

Resilienz durch Handeln

Resilienz - die Fähigkeit, nach Rückschlägen wieder aufzustehen - entwickelt sich primär durch aktives Handeln. Je mehr Erfahrung wir im Umgang mit Scheitern sammeln, desto besser werden wir darin, konstruktiv damit umzugehen. Diese Entwicklung von Resilienz ist ein wesentlicher Aspekt persönlichen Wachstums.

Die Entwicklung von Resilienz basiert auf verschiedenen Faktoren:

Der Erfahrung, dass Scheitern überlebbar ist

Der Erkenntnis, dass aus jedem Scheitern gelernt werden kann

Der Entwicklung von Strategien zur Verarbeitung von Rückschlägen

Der Stärkung des Selbstvertrauens durch überwundene Krisen

Wieder aufstehen

Die Kunst des Wiederaufstehens nach einem Scheitern ist vielleicht die wichtigste Fähigkeit für langfristigen Erfolg. Sie beinhaltet sowohl praktische als auch psychologische Aspekte. Auf der praktischen Ebene geht es darum, konkrete Schritte zur Bewältigung der Situation zu unternehmen. Auf der psychologischen Ebene geht es um die Aufrechterhaltung oder Wiederherstellung unseres Handlungswillens und unserer Zuversicht.

Dabei hilft es, sich einige grundlegende Wahrheiten bewusst zu machen:

Scheitern ist ein normaler Teil jeden bedeutsamen Strebens

Die meisten erfolgreichen Menschen haben multiple Fehlschläge erlebt

Jedes Scheitern trägt die Samen künftigen Erfolgs in sich

Die Art, wie wir mit Scheitern umgehen, definiert uns mehr als das Scheitern selbst

Fazit des fünfzehnten Kapitels

Der konstruktive Umgang mit Scheitern ist eine Schlüsselkompetenz für erfolgreiches Handeln. Durch die bewusste Nutzung von Scheitern als Feedback, das Verständnis des Lernzyklus und die Entwicklung von Resilienz können wir Rückschläge in Chancen für Wachstum und Entwicklung verwandeln.

Im nächsten Kapitel werden wir uns mit der Zeitperspektive beschäftigen - der Art und Weise, wie

unser Verständnis von Zeit unser Handeln beeinflusst und prägt.

Die Zeitperspektive

Die Art und Weise, wie wir Zeit wahrnehmen und
mit ihr umgehen, hat einen fundamentalen Einfluss auf unser Handeln. Unsere Zeitperspektive
bestimmt maßgeblich, wie wir Entscheidungen
treffen, Prioritäten setzen und unsere Ziele verfolgen.

Leben mit dem Ende im Blick

Das Bewusstsein unserer Endlichkeit kann eine
kraftvolle Quelle der Motivation und Klarheit
sein. Wenn wir uns vergegenwärtigen, dass
unsere Zeit begrenzt ist, schärft dies unseren
Blick für das Wesentliche. Diese Perspektive hilft

uns, bedeutsame von unbedeutenden Aktivitäten zu unterscheiden und unsere Energie auf das zu konzentrieren, was wirklich wichtig ist.

Die Betrachtung des eigenen Lebens vom Ende her ermöglicht uns eine klarere Sicht auf unsere wahren Prioritäten. Es geht dabei nicht um eine morbide Fixierung auf den Tod, sondern um ein bewusstes Leben im Licht unserer Endlichkeit. Diese Perspektive kann uns helfen, mutiger und entschlossener zu handeln, da sie uns die Kostbarkeit der Zeit vor Augen führt.

Diese Sichtweise manifestiert sich in konkreten Fragen wie: Was möchte ich am Ende meines Lebens erreicht haben? Welche Spuren möchte ich hinterlassen? Welche Beziehungen sind mir wirklich wichtig? Die Antworten auf diese Fragen können als Kompass für unsere täglichen Entscheidungen dienen.

Entscheidungen aus Sicht des zukünftigen Selbst

Eine besonders wirksame Strategie für bessere Entscheidungen ist die Perspektive unseres zukünftigen Selbst. Wenn wir Entscheidungen aus der Sicht unseres zukünftigen Ichs betrachten, treffen wir oft weisere Wahlen. Diese Perspektive hilft uns, kurzfristige Impulse zugunsten langfristiger Vorteile zu überwinden.

Diese Technik lässt sich auf verschiedene Lebensbereiche anwenden:

Bei beruflichen Entscheidungen: Welche Fähigkeiten wird mein zukünftiges Ich benötigen?

Bei finanziellen Entscheidungen: Welche Ressourcen wird mein zukünftiges Ich brauchen?

Bei persönlichen Beziehungen: Welche Bindungen wird mein zukünftiges Ich wertschätzen?

Bei Gesundheitsentscheidungen: Welchen Körper möchte ich meinem zukünftigen Ich übergeben?

Die Kraft von Fristen

Fristen sind ein mächtiges Werkzeug zur Fokussierung unserer Energie und Aufmerksamkeit. Eine gut gesetzte Frist kann die notwendige Spannung erzeugen, die uns aus der Komfortzone der Vorbereitung in konkretes Handeln bringt. Dabei ist es wichtig, Fristen so zu setzen, dass sie sowohl herausfordernd als auch realistisch sind.

Effektive Fristen haben bestimmte Eigenschaften:

Sie sind spezifisch und messbar

Sie sind ehrgeizig, aber erreichbar

Sie sind in kleinere Meilensteine unterteilt

Sie werden durch konkrete Konsequenzen unterstützt

Dringlichkeit schaffen

Die Schaffung eines gesunden Gefühls von Dringlichkeit kann ein wichtiger Katalysator für Handeln sein. Dabei geht es nicht um Hektik oder

Stress, sondern um ein klares Bewusstsein für die Bedeutung des jetzigen Moments. Diese Art von Dringlichkeit entsteht aus der Einsicht, dass bestimmte Gelegenheiten und Möglichkeiten zeitlich begrenzt sind.

Dringlichkeit kann auf verschiedene Weisen erzeugt werden:

Durch klare Visualisierung der Kosten des Wartens

Durch das Setzen öffentlicher Commitments

Durch die Schaffung von Accountability-Strukturen

Durch die bewusste Wahrnehmung sich schließender Zeitfenster

Fazit des sechzehnten Kapitels

Die bewusste Gestaltung unserer Zeitperspektive ist ein wesentlicher Aspekt effektiven Handelns. Durch das Leben mit dem Ende im Blick, Entscheidungen aus der Perspektive unseres zukünftigen Selbst und den strategischen Einsatz von Fristen und Dringlichkeit können wir die transformative Kraft der Zeit für unser Handeln nutzen.

Im nächsten Kapitel werden wir uns mit dem Handeln im digitalen Zeitalter beschäftigen - den besonderen Herausforderungen und Chancen, die die digitale Transformation für unser Handeln mit sich bringt.

Handeln im digitalen Zeitalter

Die digitale Transformation hat die Art und Weise, wie wir handeln, grundlegend verändert. Das digitale Zeitalter bietet neue Möglichkeiten und Herausforderungen für effektives Handeln, die ein tiefgreifendes Verständnis und bewusste Strategien erfordern.

Überwindung digitaler Ablenkung

Die ständige Verfügbarkeit digitaler Reize stellt eine der größten Herausforderungen für fokussiertes Handeln dar. Die kontinuierlichen Benachrichtigungen, Updates und Informationsströme können unsere Aufmerksamkeit fragmentieren und unsere Handlungsfähigkeit beeinträchtigen.

Eine erfolgreiche Strategie zur Überwindung digitaler Ablenkung beginnt mit dem Verständnis ihrer Mechanismen. Digitale Technologien sind oft bewusst so gestaltet, dass sie unsere Aufmerksamkeit binden und uns in kurze Feedback-Schleifen verwickeln. Die Überwindung dieser Ablenkungen erfordert sowohl technische als auch psychologische Strategien.

Die effektive Handhabung digitaler Ablenkungen umfasst verschiedene Ebenen. Auf der technischen Ebene können wir Benachrichtigungen kontrollieren, Fokuszeiten einrichten und digitale Werkzeuge bewusst auswählen. Auf der psychologischen Ebene geht es darum, gesunde Gewohnheiten im Umgang mit digitalen Medien zu entwickeln und unsere Abhängigkeit von unmittelbarer digitaler Gratifikation zu reduzieren.

Technologie als Werkzeug für Handeln

Richtig eingesetzt kann Technologie ein mächtiges Werkzeug zur Unterstützung effektiven Handelns sein. Digitale Tools können uns helfen, Prozesse zu automatisieren, Informationen zu organisieren und unsere Produktivität zu steigern. Der Schlüssel liegt darin, Technologie bewusst als Werkzeug zu nutzen, statt uns von ihr beherrschen zu lassen.

Die strategische Nutzung digitaler Werkzeuge erfordert eine klare Unterscheidung zwischen Tools, die unser Handeln unterstützen, und solchen, die uns von effektivem Handeln ablenken. Diese Unterscheidung basiert auf einer nüchternen Analyse des tatsächlichen Nutzens jedes Werkzeugs für unsere spezifischen Ziele.

Besonders wertvoll sind digitale Werkzeuge, die uns helfen, Routineaufgaben zu automatisieren und dadurch mehr Zeit und Energie für kreatives und strategisches Handeln freizusetzen. Die Auswahl und Implementation solcher Tools sollte jedoch stets im Kontext unserer übergeordneten Handlungsziele erfolgen.

Die Balance von Planung und Ausführung

Im digitalen Zeitalter ist es besonders wichtig, eine gesunde Balance zwischen Planung und Ausführung zu finden. Die Verfügbarkeit zahlreicher Planungs- und Organisationstools kann dazu verführen, unverhältnismäßig viel Zeit in die Planung zu investieren und die eigentliche Ausführung zu vernachlässigen.

Eine effektive Balance erfordert das Verständnis, dass digitale Planungstools unsere Handlungsfähigkeit unterstützen, nicht ersetzen sollen. Die beste digitale Organisation nützt wenig, wenn sie nicht in konkretes Handeln mündet. Es gilt, einen pragmatischen Ansatz zu entwickeln, der digitale Werkzeuge nutzt, ohne sich in ihrer Komplexität zu verlieren.

Digitale Werkzeuge für Produktivität

Die Auswahl und effektive Nutzung digitaler Produktivitätswerkzeuge ist eine wichtige Kompetenz im digitalen Zeitalter. Diese Werkzeuge können uns helfen, unsere Handlungsfähigkeit zu steigern, wenn wir sie bewusst und zielgerichtet einsetzen.

Wesentlich ist dabei die Integration verschiedener Tools in einen kohärenten Workflow. Einzelne Werkzeuge sollten nicht isoliert betrachtet werden, sondern als Teil eines größeren Systems, das unser Handeln unterstützt. Die Auswahl der Werkzeuge sollte sich an unseren spezifischen Bedürfnissen und Arbeitsweisen orientieren.

Fazit des siebzehnten Kapitels

Das Handeln im digitalen Zeitalter erfordert eine bewusste und strategische Herangehensweise. Durch das Verständnis und die Überwindung digitaler Ablenkungen, die effektive Nutzung technologischer Werkzeuge und die Wahrung einer gesunden Balance zwischen Planung und Ausführung können wir die Möglichkeiten des digitalen Zeitalters für erfolgreiches Handeln nutzen.

Im nächsten Kapitel werden wir uns mit der Psychologie der Prokrastination beschäftigen - den Mechanismen des Aufschiebens und Strategien zu ihrer Überwindung.

Die Psychologie der Prokrastination

Prokrastination – das Aufschieben wichtiger Aufgaben – ist eines der häufigsten Hindernisse für effektives Handeln. Das Verständnis der psychologischen Mechanismen des Aufschiebens und die Entwicklung wirksamer Gegenstrategien sind entscheidend für die Überwindung dieses Verhaltensmusters.

Verständnis von Verzögerungstaktiken

Prokrastination ist mehr als einfache Faulheit oder mangelnde Disziplin. Es handelt sich um ein komplexes psychologisches Phänomen, das oft mit tieferliegenden emotionalen und kognitiven Prozessen verbunden ist. Das Aufschieben dient häufig als emotionale Regulierungsstrategie, mit der wir unangenehmen Gefühlen oder Situationen ausweichen.

Die typischen Verzögerungstaktiken manifestieren sich in verschiedenen Formen. Manche Menschen verlieren sich in endloser Vorbereitung und Recherche. Andere beschäftigen sich mit weniger wichtigen, aber angenehmeren Aufgaben. Wieder andere warten auf den „perfekten Moment" oder die „richtige Stimmung". All diese Taktiken haben gemeinsam, dass sie uns vor der eigentlichen Aufgabe und den damit verbundenen unangenehmen Gefühlen schützen sollen.

Die emotionale Komponente der Prokrastination wird oft unterschätzt. Hinter dem Aufschieben stehen häufig Ängste – vor Versagen, vor Bewertung, vor Unzulänglichkeit. Diese Ängste können so subtil sein, dass wir sie selbst kaum wahrnehmen, aber sie beeinflussen unser Verhalten maßgeblich.

Durchbrechen mentaler Barrieren

Die Überwindung von Prokrastination beginnt mit dem Durchbrechen mentaler Barrieren. Diese Barrieren sind oft selbst erschaffene Hindernisse, die auf verzerrten Annahmen und unrealistischen Erwartungen basieren. Die bewusste Auseinandersetzung mit diesen mentalen Blockaden ist der erste Schritt zu ihrer Überwindung.

Ein wesentlicher Aspekt dabei ist die Entmystifizierung der Aufgabe. Oft bauen wir Aufgaben in unseren Gedanken zu überwältigenden Hindernissen auf. Durch die sachliche Analyse und Zerlegung in konkrete Teilschritte können wir diese subjektive Überhöhung reduzieren und die Aufgabe handhabbarer machen.

Gleichzeitig ist es wichtig, unsere Perfektionsansprüche zu hinterfragen. Viele Menschen schieben Aufgaben auf, weil sie glauben, sie nicht perfekt ausführen zu können. Die Akzeptanz, dass

„gut genug" oft besser ist als „perfekt, aber nie fertig", kann eine befreiende Wirkung haben.

Techniken für sofortiges Handeln

Die Entwicklung von Techniken für sofortiges Handeln ist ein wesentlicher Bestandteil der Prokrastinationsüberwindung. Diese Techniken helfen uns, die kritische Schwelle zwischen Zögern und Handeln zu überwinden. Ein bewährter Ansatz ist die „5-Minuten-Regel": Wir verpflichten uns, nur fünf Minuten an einer Aufgabe zu arbeiten. Oft stellen wir fest, dass wir nach dem Anfang von selbst weitermachen wollen.

Ein weiterer wichtiger Aspekt ist die Schaffung einer handlungsförderlichen Umgebung. Dies beinhaltet sowohl die physische Gestaltung unseres Arbeitsplatzes als auch die Eliminierung von Ablenkungen und potenziellen Auslösern für Prokrastination.

Die Motivation zum sofortigen Handeln kann auch durch die Verknüpfung mit positiven Anreizen gestärkt werden. Statt uns für Aufschub zu bestrafen, ist es effektiver, unmittelbares Handeln zu belohnen und zu verstärken.

Entwicklung von Anti-Prokrastinations-Gewohnheiten

Langfristige Überwindung von Prokrastination erfordert die Entwicklung neuer, unterstützender Gewohnheiten. Diese Gewohnheiten müssen die alten Verhaltensmuster des Aufschiebens ersetzen. Der Aufbau solcher Gewohnheiten ist ein gradueller Prozess, der Zeit und Geduld erfordert.

Zentrale Elemente dabei sind:

Die Etablierung fester Routinen und Arbeitszeiten

Die Entwicklung realistischer Planungsstrategien

Die Integration regelmäßiger Reflexions- und Evaluationsphasen

Die Kultivierung einer proaktiven statt reaktiven Handlungsorientierung

Fazit des achtzehnten Kapitels

Die Überwindung von Prokrastination ist ein wesentlicher Schritt zur Entwicklung effektiver Handlungsfähigkeit. Durch das Verständnis der zugrundeliegenden psychologischen Mechanismen, die Entwicklung wirksamer Gegenstrategien und den Aufbau unterstützender Gewohnheiten können wir das Aufschieben überwinden und zu einem aktiveren, selbstbestimmteren Handeln finden.

Im nächsten Kapitel werden wir uns mit der Schaffung handlungsfördernder Umgebungen beschäftigen – der bewussten Gestaltung unseres Umfelds zur Unterstützung effektiven Handelns.

Handlungsfördernde Umgebungen schaffen

Die bewusste Gestaltung unserer Umgebung hat einen entscheidenden Einfluss auf unsere Handlungsfähigkeit. Die Umgebung, in der wir uns bewegen, beeinflusst nicht nur unsere Stimmung und Energie, sondern auch direkt unsere Fähigkeit, effektiv zu handeln und Ziele zu erreichen.

Vorbereitung auf Erfolg

Die systematische Gestaltung einer handlungsfördernden Umgebung beginnt mit dem Verständnis, dass unsere Umgebung entweder als Katalysator oder als Bremse für unser Handeln wirken kann. Eine gut gestaltete Umgebung reduziert Reibungsverluste und macht es uns leichter, die richtigen Entscheidungen zu treffen und pro-duktiv zu handeln.

Die Vorbereitung einer erfolgsförderlichen Umgebung umfasst sowohl physische als auch psychologische Aspekte. Im physischen Bereich geht es um die optimale Gestaltung unseres Arbeitsraums, die Verfügbarkeit notwendiger Werkzeuge und die Eliminierung von Ablen-kungen. Im psychologischen Bereich geht es um die Schaffung einer Atmosphäre, die Konzent-ration, Kreativität und Produktivität fördert.

Eine wesentliche Strategie ist die Vorwegnahme möglicher Hindernisse. Indem wir potenzielle Störfaktoren bereits im Vorfeld identifizieren und eliminieren, können wir den Weg für effektives Handeln ebnen. Dies kann bedeuten, den Arbeits-platz am Vorabend vorzubereiten, Ablenkungs-quellen zu entfernen oder notwendige Ressourcen bereitzustellen.

Umgebungstrigger für Handeln

Unsere Umgebung kann als System von Triggern gestaltet werden, die automatisch bestimmte Verhaltensweisen und Handlungsmuster aktivieren. Diese Trigger können bewusst etabliert werden, um gewünschte Handlungen zu fördern und unerwünschte zu erschweren.

Effektive Umgebungstrigger sprechen verschiedene Sinne an und sind eng mit spezifischen Handlungen verknüpft. Ein aufgeräumter Schreibtisch kann beispielsweise als visueller Trigger für fokussiertes Arbeiten dienen. Bestimmte Musik oder Geräusche können als auditive Trigger für kreative Phasen fungieren. Die räumliche Anordnung von Arbeitsmaterialien kann als physischer Trigger für effiziente Arbeitsabläufe wirken.

Die Etablierung solcher Trigger erfordert Konsistenz und bewusste Wiederholung. Je öfter wir bestimmte Umgebungselemente mit spezifischen Handlungen verknüpfen, desto stärker wird die automatische Aktivierung dieser Handlungsmuster.

Aufbau unterstützender Netzwerke

Die soziale Umgebung ist ebenso wichtig wie die physische. Der Aufbau eines unterstützenden Netzwerks von Menschen, die unsere Handlungsziele verstehen und fördern, ist ein wesentlicher Faktor für nachhaltigen Erfolg.

Ein effektives unterstützendes Netzwerk kann verschiedene Formen annehmen. Es kann aus Mentoren bestehen, die Erfahrung und Wissen teilen, aus Gleichgesinnten, die ähnliche Ziele verfolgen, oder aus Menschen, die uns durch ihre bloße Präsenz zu besseren Leistungen anspornen.

Die bewusste Pflege dieser Beziehungen und die regelmäßige Interaktion mit Menschen, die uns inspirieren und motivieren, sollte ein integraler Bestandteil unserer Umgebungsgestaltung sein.

Reibung eliminieren

Ein zentrales Prinzip bei der Gestaltung handlungsfördernder Umgebungen ist die Eliminierung von Reibung. Reibung entsteht überall dort, wo zusätzlicher Aufwand erforderlich ist, um eine gewünschte Handlung auszuführen. Je geringer die Reibung, desto wahrscheinlicher ist die Ausführung der Handlung.

Die Reduktion von Reibung erfordert eine systematische Analyse unserer täglichen Abläufe und die Identifikation von Hindernissen und Stolpersteinen. Oft sind es kleine, scheinbar unbedeutende Faktoren, die uns vom Handeln abhalten. Die bewusste Beseitigung dieser Hindernisse kann unsere Handlungsfähigkeit erheblich steigern.

Gleichzeitig kann die bewusste Erhöhung von Reibung für unerwünschte Verhaltensweisen eine effektive Strategie sein. Indem wir den Zugang zu Ablenkungen und zeitraubenden Aktivitäten erschweren, können wir unser Handeln in die gewünschte Richtung lenken.

Fazit des neunzehnten Kapitels

Die bewusste Gestaltung handlungsfördernder Umgebungen ist ein wesentlicher Faktor für nachhaltigen Erfolg. Durch die systematische Vorbereitung, die Etablierung wirksamer Trigger, den Aufbau unterstützender Netzwerke und die gezielte Elimination von Reibung können wir Umgebungen schaffen, die unser Handeln optimal unterstützen.

Im nächsten und letzten Kapitel werden wir uns mit dem Vermächtnis des Handelns beschäftigen – der langfristigen Wirkung und Bedeutung unseres Handelns über den unmittelbaren Moment hinaus.

Das Vermächtnis des Handelns

Das letzte Kapitel unserer Betrachtung widmet sich der langfristigen Dimension des Handelns - dem Vermächtnis, das wir durch unser Handeln schaffen. Jede bedeutsame Handlung hat Auswirkungen, die über den unmittelbaren Moment hinausreichen und Spuren in der Welt hinterlassen.

Wirkung durch Initiative

Durch konsequentes, zielgerichtetes Handeln schaffen wir Wirkungen, die weit über unsere unmittelbare Präsenz hinausreichen können. Diese Wirkungen manifestieren sich auf verschiedenen Ebenen: in den Leben der Menschen, die wir berühren, in den Projekten und Werken, die wir schaffen, und in den Veränderungen, die wir in unserer Umwelt bewirken.

Die nachhaltigste Form der Wirkung entsteht oft durch das Anstoßen positiver Veränderungsprozesse. Wenn wir durch unser Handeln andere inspirieren und ermutigen, selbst aktiv zu werden, multipliziert sich unsere Wirkung. Ein einzelner Mensch, der durch mutiges und konsequentes Handeln vorangeht, kann eine Kettenreaktion positiver Veränderungen auslösen.

Aufbau eines Lebenswerks

Ein Lebenswerk entsteht nicht durch einzelne, isolierte Handlungen, sondern durch die kontinuierliche Verfolgung bedeutsamer Ziele über längere Zeiträume. Es ist die Summe unserer Bemühungen, Erfahrungen und Errungenschaften, die sich zu einem kohärenten Ganzen fügen.

Der bewusste Aufbau eines Lebenswerks erfordert eine klare Vision dessen, was wir in der Welt bewirken wollen. Diese Vision dient als Kompass für unsere Entscheidungen und hilft uns, auch in schwierigen Zeiten Kurs zu halten. Sie gibt unserem Handeln Richtung und Bedeutung über den Tag hinaus.

Der Compound-Effekt konsequenten Handelns

Eine der mächtigsten Dynamiken erfolgreichen Handelns ist der Compound-Effekt - die kumulative Wirkung vieler kleiner, konsistenter Handlungen über die Zeit. Ähnlich wie bei Zinseszins wächst die Wirkung unseres Handelns exponentiell, wenn wir kontinuierlich in die richtige Richtung arbeiten.

Dieser Effekt manifestiert sich in verschiedenen Bereichen:

- Im Aufbau von Expertise und Fähigkeiten

- In der Entwicklung von Beziehungen und Netzwerken

- In der Schaffung von materiellen und immateriellen Werten

- In der Gestaltung nachhaltiger Veränderungen

Spuren hinterlassen

Die Frage, welche Spuren wir in der Welt hinterlassen wollen, ist letztlich eine zutiefst persönliche. Sie berührt unsere fundamentalen Werte und unsere Vorstellung von einem gelungenen Leben. Die bewusste Auseinandersetzung mit dieser Frage kann unserem Handeln eine tiefere Bedeutung und Richtung geben.

Das bedeutsamste Vermächtnis liegt oft nicht in den materiellen Errungenschaften, sondern in den Leben, die wir berührt und positiv beeinflusst haben. Die Menschen, denen wir geholfen, die wir inspiriert oder unterstützt haben, tragen unser Vermächtnis weiter.

Fazit des zwanzigsten Kapitels und des Buches

Mit diesem abschließenden Kapitel schließt sich der Kreis unserer Betrachtung des Handelns. Wir haben gesehen, wie bedeutsam konsequentes, bewusstes Handeln für ein erfülltes Leben und die Gestaltung positiver Veränderung ist. Die Philosophie des Tuns ist letztlich eine Philosophie der aktiven Lebensgestaltung und der Übernahme von Verantwortung für unsere Existenz und deren Wirkung in der Welt.

Die zentrale Erkenntnis lautet: Unser Leben wird nicht durch unsere Gedanken und Absichten definiert, sondern durch unser tatsächliches Handeln. In jedem Moment haben wir die Möglichkeit und die Verantwortung, durch unser Handeln die Welt ein Stück besser zu machen und positive Spuren zu hinterlassen.

Möge dieses Buch Sie inspirieren und ermutigen, Ihr eigenes Handlungspotenzial voll zu entfalten und Ihr persönliches Vermächtnis bewusst zu gestalten. Die Welt braucht Menschen, die den Mut haben zu handeln und Veränderung zu bewirken. Seien Sie einer von ihnen.